武術の「実践知」と
「エナジー」を使いこなして

水のごとくあれ!

Be Like Water
Joseph Cardillo

ジョセフ・カルディロ〔著〕
湯川進太郎〔訳〕

BABジャパン

私の妻エレーン、そして、私たちの小さな家族たちに捧げる
ミニョンヌ、ルッセ、シャローナ、ジョリー、アルビノーニ、セリア、エルザ

謝辞

この執筆企画が完成に向かう手助けとなるよう、エネルギーと示唆を与えてくれた肉親や親類家族に感謝します。さらに、私の武術の仲間や相手や同僚には、この（武術という）まばゆい旅の道程で与えてくれた支援や兄弟（姉妹）愛に、感謝の意を表したいです。

特には、ドリーン・ベダウとバリー・ベダウ、アルフィオ・カルディロとジョセフィーン・カルディロ、アルフレッド・カルディロとキャシー・カルディロ、マリア・コノバーとクリストファー・コノバー、モリー・シェハック、エレーン・マクヘンリー、エレノア・マクヘンリー、マシュー・パパ、ミッチェル・テスラーに感謝します。

そして、命と魂の無限の可能性を信じる世界中の皆さんに感謝します。

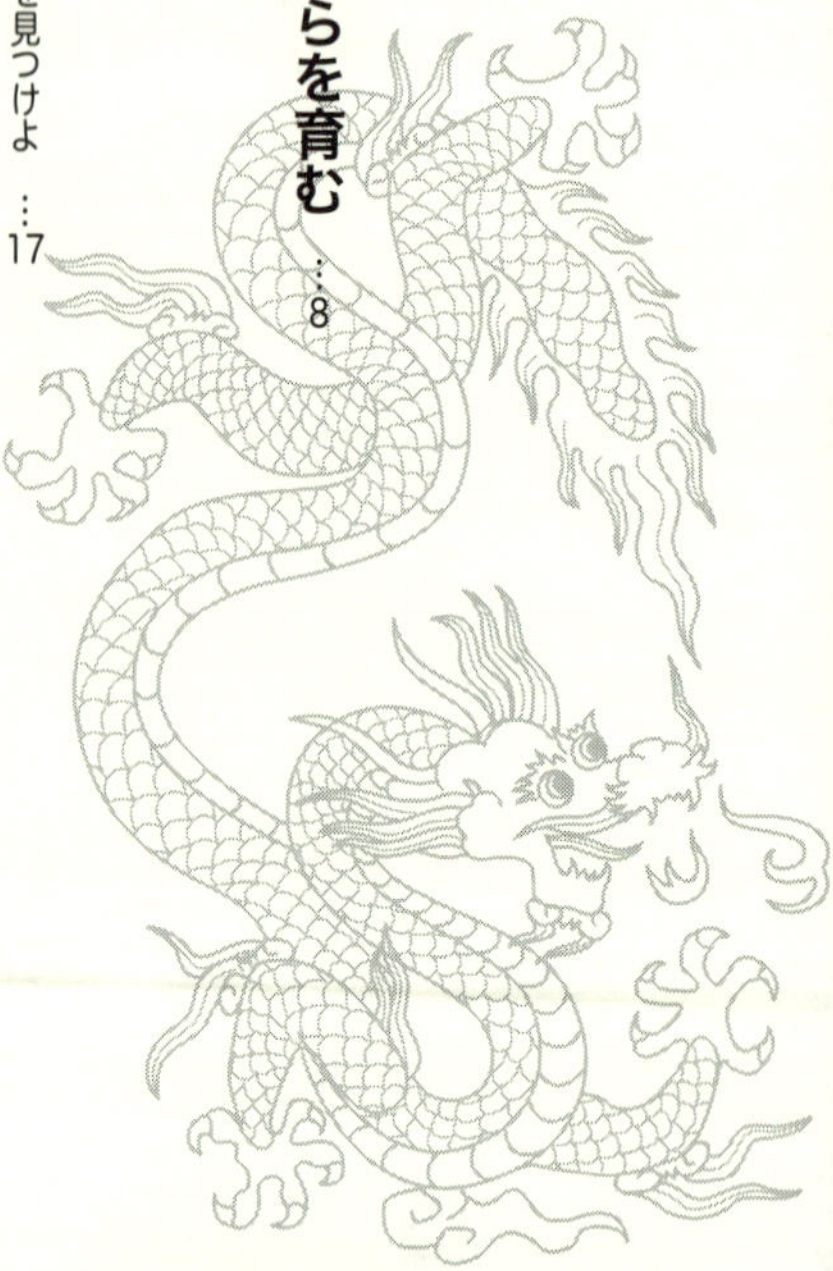

Contents

Introduction

序論

ポジティブなエナジーで自らを育む

地球の表面の70%以上は水です。あらゆる生き物は水でできていて、私たちは皆生きるために水を必要とします。水は、純粋・誕生・再生の象徴です。命をもたらすこの力の特性を身に付けた時、あなたはその流れとともにあります。どの瞬間も命で満たされ、無理することなく、成長し、経験し、関係が広がっていきます。流れとともに行く中で、あなたは穏やかで安らかになります。

理想的には、私たちはいつでもどこでも**「水のごとく」**あるよう努めます。というのも、水は優しく、それでいて力強いからです。それは静的でもあり動的でもあります。(何でも)吸収することができます。物の上を越えたり、下を流れたり、周りを囲んだり、横を通り過ぎたりできます。物を溶かしたり、物を浮かべたり、物の上で漂ったりできます。温かくなったり、冷たくなったり、重くなったり、軽くなったり、透明になったり、個体になったり、気体になったりします。決まった形《かたち》はなく、どんな容れ物にも適応できます。

この本の中で、あなたは水のようになる方法を見つけることでしょう。本書は、常に変化し続ける世界の中で、あなた自身を維持すること、そして、不条理に満ちた世界の中で

序論

あなたの正気を保つことについて書かれたものです。簡単に言えば、流れとともに行くことについての本です。流れとともに行くというのは、武術家の道です。

武術は言語の発達とともに始まり、3000年以上前の中国にまでさかのぼることができますが、こうした戦闘術の修行が哲学と融合するには、それから数千年かかりました。西暦525年、達磨という名のインドから来た仏教僧が、中国の少林寺を訪ねました。彼が目にしたものは、少林寺の僧たちが、深さや気付きという点でスピリチュアルにも、また、彼らが敵から自分自身を守れないという点で身体的にも、不十分であることでした。彼らの貧弱さに、達磨は大いに動揺しました。

そうして、達磨は彼らに、瞑想法と呼吸法、そして**命に関する、より深くより啓かれた道**へとつながるたくさんの教義を教えました。彼はまた、動物の動きから取り入れた運動養生法を教え、彼らの日課に組み込みました。時を経て、この激しい訓練が、クンフーとして知られる高度な武術システムへと進化しました。今日に至るまで、現在私たちの知る通り、クンフーがあらゆる武術の中心であると、多くの人が信じています。

達磨による教育は、武術を戦闘の一面的な探究から、身体と心と魂を鍛えるホリスティックな修行へと導くものでした。戦闘の要素は未だ重要ではありましたが、葛藤を避けるよう訓練された僧は、決して攻撃者となることはありませんでした。むしろ、彼らは自分たちのスキルを、援助者や治療者としての仕事を遂行する助けに用いました。

19世紀の中頃、東洋において戦闘スキルの必要性が減ると、武術の焦点は戦いのために身体を鍛えることから、心と魂を鍛えることへと移りました。事実、**道《どう》（道《みち》、way）**という語が多くの武術スタイルに加えられたのは、歴史上この頃でした。これのいくつかの例は次の通りです。

・剣道 …………剣の道《みち》
・柔道 …………柔《やわ》らの道《みち》
・テコンドー …手と足の道《みち》
・合気道 ………和する魂の道《みち》
・弓道 …………弓の道《みち》
・武士道 ………戦士の道《みち》
・空手道 ………徒手空拳の道《みち》

現在、武術家の稽古は個人的なスピリチュアルな鍛錬を強調するようになりました。それは、より良い生活を営むことであり、より良い親、より良い友人、より良い人間になることです。戦いにおける格言は、**「最小の労力（あるいはストレス）で最大の利益」**という公理に沿った、自己実現や幸福という理想に置き換わりました。

武術は、争いに勝利することよりも、内的な自己を克服することになりました。武術家は、忠義心、誠実さ、兄弟愛、姉妹愛、逃げない心、そして死を直視することを教わりました。これらは全て、悟り（身体的な限界を超えた意識の超越を含む）の可能性を含めて、より良く、より自由に、より長生きするためにあります。

生徒は、この目的に適う方法や手段を教わり、文化的に規定されたことではなく、本当に役立つことをするよう推奨されました。彼らは**「無心」**を教わりました。無心とは、何かを達成しようとする最中に（戦士の場合は戦いに勝とうとする最中に）立ち現れる罪悪、疑惑、恐怖、嫌悪、その他のネガティブな感情を空っぽにすることを意味します。彼らは、自己実現、癒し、力へと向かう道すがら、**「気」を強め養う方法**を学びました。そして彼らは、自分たちの英知を次世代に残すよう教わりました。

より深く満たされた生活に向けた私自身の探究の中で学んだことの一つは、知識には多くの声があることです。それは、哲学的であったり、神学的であったり、科学的であったり、体育的であったり、芸術的であったりなどします。**どの分野も一つとて他に勝るというものはありません。**私にとって武術の研究は、最もすぐに応用できてうまくいくものの一つでした。こうした気持ちから、私はその知識のいくつかを解きほぐし、あなたと共有したいと願っています。あなたが何らかの武術を実践しているかどうかは問題ではありません。どんな人でも、あらゆる人が本書の中の原理を応用できます。

清らかでポジティブなエナジーで自らを育む過程は、胸がワクワクします。あなたは、身体の化学作用で身が洗われるかのように、文字通り感じるでしょう。よりクリアに思考するようになるでしょう。より深く感じるようになるでしょう。自分を大事にする力に自信を持つようになるでしょう。おそらく、数多くの驚くべきことが起こるでしょう。

私は、あなたがこれからの日々を、温かい心、喜びにあふれた魂、力強さ、美しさで満たされることを願います。

本書の使い方

本書は、戦闘技法の実践を目指したハウツー本ではありません。むしろ、自己研鑽やスピリチュアルな成長という目的へ向けられた、武術の中にあるあるいは通底する哲学に関するシンプルな研究書です。私の目標は、武術的な思考の原点に備わったものです。それはつまり、武術の心をあなたの心に植え付け、あなた自身の魂を原始の自然な状態に戻し、より満たされた自由な生活を送れるようにすることです。

武術家は、概念と技法を混ぜ合わせることによって、自分が選んだ術から最大限の身体的な、感情的な、スピリチュアルな利益を得ます。哲学のない武術家は、ストリートファイター（ケンカ屋）に過ぎません。そこで、本書の各章（全15カ条で構成）では、ある特定の武術的概念を示し、それが**「道場以外でどのように応用され得るのか」**を短く説明し、私が瞑想および決意と呼ぶ日常で行うエクササイズを紹介します。

本書は、あなた自身のペースで読んでいただけるよう構成されています。各ページをゆっくり読み進み、各章で提供している多くの技法を、時間をかけて吸収できます。または、さっと全部を読み通してから、今の生活状況にとても合っていたり、即座に使えると思った用法のところに戻ることもできます。

容易に吸収し応用できる話を心がけましたが、処し方のこうした追求は、個人的な経験を通して知る必要のある、生涯を通した関わりです。そうした経験の各々があなたのスキルを磨き、本来のあなた自身や神へと近づけることを強調しておきます。

瞑想は順序立てて示してはいますが、最初に一旦本書を読み通したら、途中のどこでも望むところに再び戻れます。決意は、生活に豊かさとポジティブなエナジーを加えるのに役立ち、また、目標達成への指示を与えます。瞑想と決意の究極的な意図は、武術の原理をあなた自身の生活に適用する手助けをすることです。

あなた自身の決意を考案してみるのも良いでしょう。ナイトテーブルで付けている日誌や、仕事に持って行ったり車に乗せたりできる日誌に、それらを書いてみてください。自宅や仕事場でよく目に入る場所にそれらを貼ってください。また、瞑想中にそれらについて考えたり、一日中自分に向けてそれらを声に出すこともできます。もう少しクリエイティブな気持ちであれば、それらをオリジナルの詩に込めたり、それらを使ってカレンダーを作ることもできます。絵を描いたり写真を撮ったりするのが好きな人は、自分の得意な方法を組み合わせて、他にもいくつか面白い形式のものを創り出せます。その言葉に馴染み、少しでもその言葉とともに生活し始められるよう、決意の改変に躊躇することはありません。何事も実験です。

世界中の武術家が言ってきたように、私も本書の中で、研究や経験を通して学んだことを伝授するつもりです。あなたがより深く生き、美しくポジティブな人間になることを求める旅に、ここでの話が役立つことを願っています。本書で提供したスキルを一旦獲得すれば、その知識はあなたのものになり、また別の人へと伝授されるでしょう。そうする度に、あなたはこれらの哲学や技法に関する自身の理解を深めるでしょう。そして、より良く、より深く、より楽しく、人生を送れるでしょう。

過去の道《タオ》に通じることで、今ある存在を知る。(『道徳経』第14章)

——老子（古代中国の思想家・道家の祖の一人、生没年不詳）

Summoning Chi

Find Your Center

第1条

気を呼び込む

芯を見つけよ

全宇宙が身体の中に凝縮されている。

——シュリー・ラマナ・マハルシ（1879～1950）
インドの聖者

中国語の**気（chi【訳注▽もしくはqi】。日本語ではki）**は、内的な生命エナジーのことを指しますが、これはあらゆる物事の中に存在する宇宙や神のエナジーのことでもあります。誰もがある一定量の気を持って生まれ、私たちは皆、さらにたくさんの気を集める能力を持っています。気は、あらゆる存在の核です。それは、あらゆる武術的な概念やエクササイズの中に含まれ、本書のあらゆる考えの思想的な基盤となっています。

日常生活において、気は囚われたり罠に掛かったり制限されたり（精神的にも、身体的にも、スピリチュアルにも）感じる生活領域を切り抜ける力を、私たちに与えてくれます。気は、良好な健康、自信、幸せ、強さ、力、自尊心、関心、活気、精神的な効力感、成功の裏側にある力です。それは、私たちの内側にあって目に見えない、あらゆる変化や自己研鑽の裏側にあるエナジーです。私たちに安全や流動性や癒しの感覚を与える力です。究極的には、気は言葉で言い表せませんが、感じたり応用することはできます。

身体における気の主な所在は**「下丹田《しもたんでん》」**、ちょうど臍下数インチ【訳注▽1インチ＝約2・5センチ。下丹田の位置は諸説あるので、概ね下腹辺りと考えて良い】の空間の中にあり、興味深いことにそこは**身体の重心**でもあります。このように、私たち一人一人の中に、栄養にあふれたエナジーがあります。それは宇宙や神のエナジーであり、私たちをあらゆる物事に結び付けるエナジーです。というのも、世の中万事が気を有しているからです。

武術では実践者の大半が、やがては外的な護身術の動きから、より多くの気を養うような内的な実践へと注意が移ります。それは、**「道場と日常生活」での実行能力が、内的な強さを呼び起こす能力と直に比例する**ことを理解し始める時です。

稽古をすればするほど、気に関する気付きが高まり、その心沸き立つ可能性を垣間見始めます。気の力は無限です。ですから、他の何万の人と同じように、私もこの現象に魂を奪われ、稽古の中心に据えてきました。武術とは、気の扉を開ける道なのです。

まず始めに、あなたの芯を見つけなければなりません。

私が武術を習い始めた頃、私の空手とクンフーの先生は、早い段階から気の考えをクラスに導入していました。先生は私たち生徒に、両手を身体の前に出し、まるでバスケットボールを抱えているかのように右手を上に左手を下にして、指は横を指すよう言ったのを覚えています。

「さあでは、リラックスして、下丹田に意識を集中してみましょう」と先生は言いました。

先生は私たちに、**「芯を作る」**方法を教えようとしていました。芯を作ることは、身体と心と魂を調和させるとともに、気の成長を助けると信じられています。

「すっかりリラックスするように」と先生は強調しました。「ただ、集中は保つように」

先生は私たちに、目を閉じるように言いました。

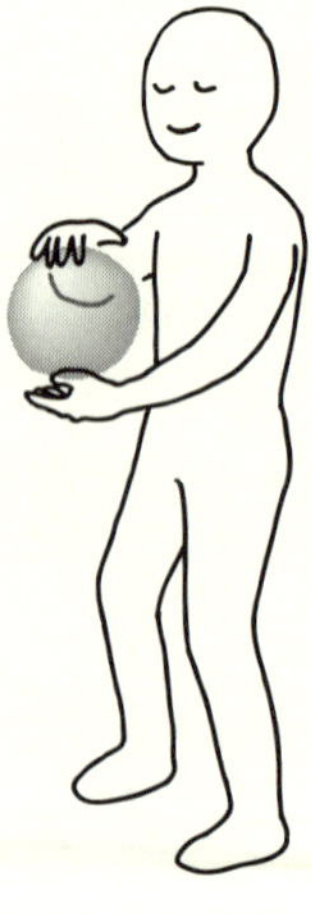

「体重が下に落ちていくのに任せます。重力を感じてください。ただそれに負けてはいけません。各関節と筋肉をリラックスさせます。足下にある地面を感じてください。足が地面と一体化するのを感じてください。これが**『根を張る』**と呼ばれるものです」

背骨とつながって大地に根を張っている紐《ひも》をイメージして、エナジーを身体の中に引き上げる、という人もいます。

「大地のエナジーがあなたに入ってくるようにしましょう。鼻から深く息を吸って、口から吐きます。空気が身体全体、のど、腹、手足を伝わるようにしましょう」と先生は説明しました。

先生は私たちに、目を閉じ続けて、真っ白な息が触れるもの全てを育み癒すところをイメージするように言いました。私たちは、息を調整する（数える）ことも始めました。

先生は「私が手を叩いたら、ゆっくりと息を吸って」と言って手を叩くと、素早く10まで数えました。先生は「さあ息を止めて」と言い、10まで数えました。そして「はい、では息を吐いて。ゆっくりと」と言い、再び10まで数えました。

先生は、息が下がっていくのに任せて、下丹田に集中し続けるように言いました。ここがエナジーの身体的な中枢なのです。

西暦525年の少林寺の僧たちに遡れば、制御された呼吸が、祈りの最中の集中力や戦いの時の強さを増す方法として教えられていました。

「私たちの身体は器です」と先生は言いました。「そして、限られた量のエナジーしか容れられません。そのエナジーには良いものと悪いものがあります」

下丹田に集中し続けながら、白い光である気が呼吸に合わせて明滅するイメージをするように先生は言いました。

「気を外側へ広げてみましょう」「(今度は)気が手のひらに入ってくるのを感じてみます。気を手で感じるのです」

制御された呼吸は、気を呼び込んだり解放するのと合わせ、悪い気が溜まっている身体を洗い流し、良い気で身体を満たします。

この頃までの私の武術に関する考えは、外的な動きや運動に注意が向いていました。それは自信や護身術を身に付けたり、ストレスを解消するためのものです。しかし、ここで先生は、異なる方法で呼吸することを求め、「内的」な集中は注意力全体を増すだけでなく外的な強さも高めることを話しました。私はそれに魅了されたのです。

先生は全員に目を開けるように言い、私を見て「あなたは何を感じましたか?」と尋ねました。

「よく分かりませんが、ちょっと熱い感じ……温かい流れのような」と答えました。

「それです」と先生は言いました。

他の生徒の多くも、同じようなものを経験していました。

「私はこの感覚を皆さんに覚えてもらいたいのです。それを使ってたくさんのことをしていきます」と先生は言いました。「ただ、(その前に)今は学ぶべきことがもっとあります」

先生が伝えようとしていたことは、(この気の感覚を) やがて習う他のいくつかの技法と融合させることでした。それらの技法は、私たちが気を感じ、動作に効率良く流し込むタイミングと方法を知るものです。

「今は、ただ気を感じてください。そして、次の言葉を覚えておいてください。『心が向かうところに気は向かう』です」と締めくくりました。

それから少し経ったある時、私は薪《まき》を結んだ束をいくつか積み重ねて、冬に備える必要がありました。それは宵のころでした。金色に輝く秋の日の光が、まさに空から消えかかり始めていました。空は清々しくリンゴ酒のようで、焚き火の香りがして爽やかでした。

私は自分で、結ぶ束は一つにしようと目標を設定しました。その日は一日が長かったので、この仕事も脇に放り出したいと思いましたが、天気予報は雨でした。天候のせいで何もかも泥だらけになる前に薪を積み上げるのが一番良いことは分かっていました。

ほぼ半分ぐらい終わったころ、私は気分転換に武術の教えの一つを試してみようと決めたのを覚えています。先生が話したように、私はリラックスし、呼吸を調整しました。芯を感じて、下丹田に意識を集め、そこがエナジーで燃え立つ様子を心に描きました。そして、吸い込んだ息が清廉と癒しをもたらしながら、体中を流れるイメージをしました。

私の労働は、ある種の瞑想に変わりました（そのように見なしたのではなく、ただそうなったというだけです）。私はまもなく疲れていることを忘れ、スピリチュアルに働き、働きながら武術の稽古を続けました。仕事を嫌に思うよりも、むしろ、それを心地良く感じました。積み上げ終わった時、私は元気が回復していました。ヘトヘトに疲れる代わりに、活力に満ちていました。いつもよりずっと少ない労力で仕事を完了しただけでなく、おまけに、全体的に幸せな気分だったのです。

以前から、ポジティブなエナジーが課題中に私たちを助け、喜びを生み出すことは知っていましたが、私はそれを経験できました。私は興奮し、他にこれと同じスキルを応用できないか考え始めました。多くの状況で使えることを確信しました。

それからというもの、道場で動きを練習する時であろうと、教えている大学で武術や創造的作文法の授業をする時であろうと、あるいは、ウォーキングやジョギングや家事やガーデニングのためにエナジーの出力を上げる時であろうと、健康的でポジティブなエナジーを養うこの方法を日常的に用いるようになりました。

私たちの身体は器です。器は限られた量のエナジーしか入りません。そのエナジーは良いか悪いかのいずれかです。芯を見つけましょう。悪いエナジーで満ちている身体を洗い清め、身体を良いエナジーで再充填しましょう。

元気が回復するのを感じてください。活力に満ちるのを感じてください。あなたの日々の仕事が、あなたのエナジーを使い果たすのではなく、むしろあなたにエナジーを与えるようにしましょう。喜びを生み出すのです。

瞑想

Meditation

本当の自分を分かった者が、理解を手にする。理解を手にした者が、本当の自分を見つける。

——子思（前483頃～前402頃）

儒家の祖である孔子の孫

ゆったりと立ち、リラックスしてください（気が育つように心をリラックスさせましょう）。小さな風船がちょうど下丹田の前にあるのをイメージしてください。下丹田とは、臍下数インチのところです。

イメージした風船を抱えるように、実際に手を構えてください。この風船（を抱えている状態）を感じるようにします。

そうしたら、風船の表面のゴムを消しつつ、ただ空気は中に（手のひらの間に）入ったまま風船の形《かたち》を維持してください。これが気の感じです。気を抱えながら、その周囲をなぞって手を回転してみてください。気に対する感受性を増すようにしましょう。手のひらの間に、気が生じさせる圧力を感じてください。

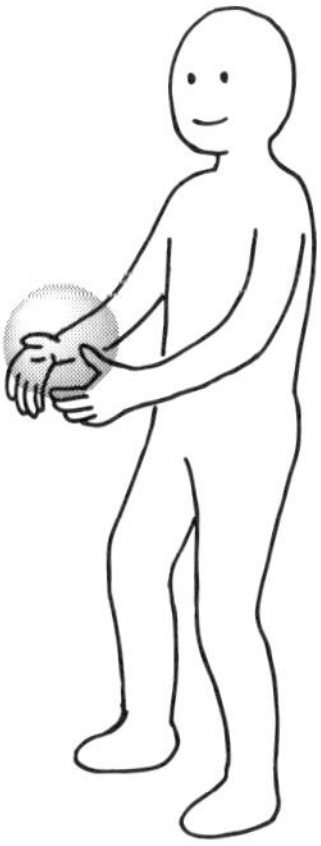

それでは次に芯を作るので、下丹田に集中してください。呼吸をより良く調整するために、下丹田に両手を当てておきましょう。深く滑らかに息を吸ってください。素早く10を数えるまでに息を吸うよう制御します。10まで数えるのが大変なら、できるまでは5以下で練習してください。

また素早く10まで数えつつ息を止め、それからゆっくり吐きます。

息を下丹田まで吸い込み、エナジーがそこに集まるのを感じてください。大地からエナジーを引っ張り上げるのを感じてください。そしてそのエナジーが下丹田に集まるようにします。同時に、

宇宙のエナジーがあなたの上丹田《かみたんでん》（頭の上の方にあるチャクラ【訳注▽インド起源の身体論に見られる生命エナジーの中枢部位】）を通って入ってくるようにします。さらにそのエナジーが、手を当てているところに流れて集まるようにします。

エナジーがあなたの中を流れ、手のところで気が育つイメージをしましょう。深く呼吸をして、向かわせたい身体の場所に気を導きます。必要に応じて、手も気を導くのに役立てられます。まず、指を弾いて【訳注▽親指の内側に四指の爪を当て、一度に弾き出す。指先に付いた水を弾き飛ばす感じ】、気が巡るようにします。

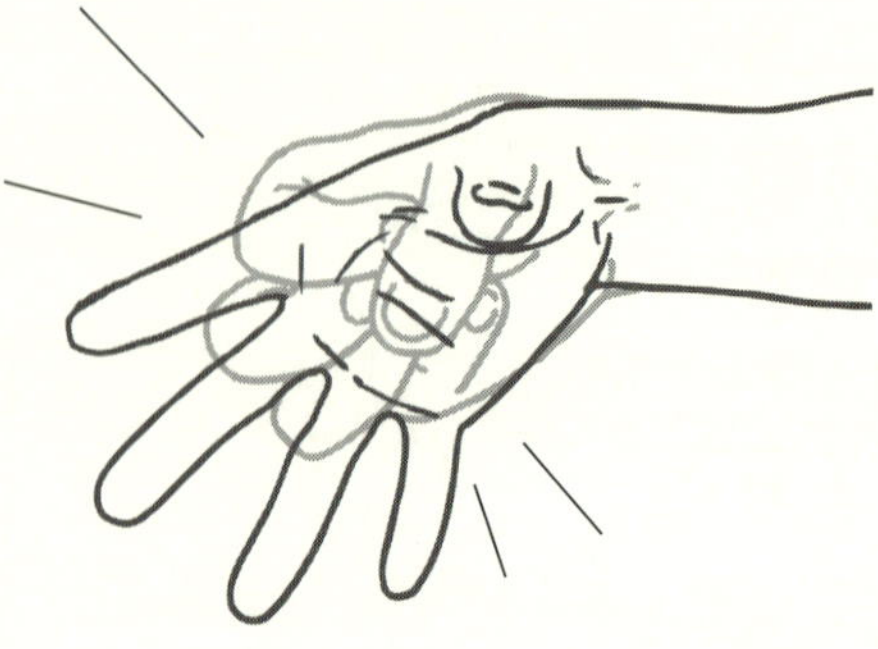

それから、活性化したり強くしようと思うところに手を当ててください。息を導く目標を作るためです。清らかで栄養にあふれ、癒しをもたらすエナジーを感じてください。

あなたの身体にも話しかけましょう。身体的な、感情的な、あるいはスピリチュアルな栄養分という観点で、身体が必要なものは何かを尋ねてください。身体の答えを色でイメージしてみましょう。あなたのすることとは、身体的な、感情的な、スピリチュアルな食べ物という観点で、その色が何を(摂るべきだと)意味しているかを翻訳することです。

また、あなたの内なる声にも注目できます。身体の要求に耳を傾け、気を用いて身体に安らぎと強さと癒しをもたらしましょう。日頃から、その内なる声を、あなたの要求を見つけて満たす手助けとするのです。

芯を得たあなたの自己は、最も深いところのあなたそのものです。その声にしばしば耳を傾けてください。バランスを保ちながら、考え、行動しましょう。

上級バージョン

身体の前に両手を構えたら、あなたの(内にある)気が外に流れ出て、手と手の間に集まるところをイメージしましょう。気のエナジーを、表面のゴムがない風船みたいに感じるはずです。エナジーが身体の外を流れるようにしましょう。そのエナジーによって癒される温かさを皮膚に感じ、楽しんでください。それがあなたを和ませ、癒すのに任せてください。

さらなる上級バージョン

両手を使わずに気を動かしてみましょう。心が行くところに気は行きます。創造的になるのです。自分の気分がより良くなり、他者との交流も豊かになるよう、気を用いる方法をもっとたくさん見つけましょう。

こうした技法を動きと組み合わせることをお勧めします。ウォーキングから、家事、事務、屋外での作業まで何でもです。動きがスムースであるほど、ますます気は体中を流れるように移動します。気を養うことが、日々の仕事にウェルビーイング（健康・幸福）と強さにあふれた感覚をもたらします。調和を感じてください。

あなたが持てるエナジーには限りがあることを忘れないでください。ネガティブなエナジーは敵に力を与えるでしょう。それは消してしまいましょう。ポジティブなエナジーが私たちを育み、癒します。それを、望む生活の創出に使いましょう。それがあなたに力を与えるのに任せるのです。

決意

Resolutions

☆今日、私は自分の芯を感じ、バランスを保って行動します。

☆今日、私は宇宙の善なるものに心を開きます。そのエナジーは私のエナジーであり、私のエナジーはそのエナジーであることを心に留めます。

☆今日、私は緊張する状況でも芯を感じたままでいて、ストレッサー【訳注▽ストレス反応をもたらす原因】が消えて無くなる様子を観察します。自分の中に得た豊かな自信を楽しみます。

☆今日、私は機会を見つけて、呼吸するごとに私の血液の中に宇宙の力を注入すること（宇宙に私の力を返すこと）を、忘れないようにします。

☆今日、私は癒しの力を私と分かち合った神に、感謝の意を表します。

Emptying Your Mind

Avoid Assumptions

第2条

心を空っぽにする

思い込みを避けよ

心の静けさが、落ち着かなさを統御する。（『道徳経』第26章）

——老子（古代中国の思想家・道家の祖の一人、生没年不祥）

無心、あるいは空っぽの心は、大半の武術家が実践している、落ち着くための技法です。ポイントは、あらゆる思い込みと怒り、罪悪感、疑い、恐れ、憎しみといったネガティブな感情から、心を解き放つことです。道場でも日常の場でも、明晰で静かな心は滑らかかつ効果的に反応するでしょう。デコイ【訳注▽囮《おとり》。狩猟で使う鳥の模型】を追いかけたり、目標と無関係なことをして動きが取れなくなったりしなくなります。

武術家は、思い込みとネガティブな感情を避けます。それらは全面的に負けの状況だからです。この種の心の毒は動きを鈍らせ、なおかつ反応を外に漏らしてしまい、あなたの効力を削ぎます。ネガティビティはあなたを硬くするので、柔軟性を失えば、水が石を取り囲むぐらい単純に、敵はあなたの技をやすやすとかわせます。

心と身体をできるだけ滑らかにかつ自然に動かしたいものです。小川に浮かぶコルクのような意識を想像してください。それは、周りのどんな動きにも自然に調和して反応します。機敏に、軽やかに、自由に。

昔の格言に、**「もし何かを探しているようなら、それは決して見つからないだろう」**というのがあります。組手（乱取り）の時の法則にも、**「起こる前から起こることが分かると思い込むな」**というのがあります。私の場合でいえば、道場で特定の結末を仮定する時、想像していたように事態が運んだことはほとんどないように思えます。

例えば、防戦体勢にある相手に向けて私が蹴りを放つとします。この時、相手は後ろに下がるか横に避けるか、または私が受ける準備もできないほどの疾風のような蹴りや突きで反撃してきます。私はつい放ってしまった蹴りのせいで、すっかり隙だらけの位置にいました。私は事態を悪化させたのです。

私は、自分がしていることが分かっていると思い込んでいる時はいつでも、たとえ定石通りでも、結局違反切符を切られるように思えます。このせいで欲求不満になるだけであり、経験の浅い大半の武術家が同じようになります。

かつて、ある他の生徒とアグレッシブな組手試合をした後に、先生が私をわきに呼び、「あなたに分かって欲しいことがあります」と言いました。

先生と私は、軽い組手を始めました。先生の動きは柔らかくゆったりしていました。ただ、目は大きくて深く、まるで猫の目のようでした。その目は鏡のようでした。完全に私を捉えて機敏に動き、逆説的ですが、何も考えていないようでした。これこそが多くの人がいう武術家の眼差しです。先生は、私がしようとしていることを、私がする以前に分かっていると感じました。私は文字通り先生の強さを感じられましたが、先生は**一切何もしませんでした。**

「こういう種類の強さを求めなさい」と先生は言いました。

私は、先生が言わんとしていることが分かりました。それまで組手をしていた時、私が示そうとした種類の強さは、木を割るのに使うのと同じ種類の、鼻息荒く唸る攻撃性でした。この種のエナジーは、完全に意図的なものです。

組手で学べることは、そこでは積極的に（警戒しつつ）動かないでいる状態として受け取られるような、**深く注意を払ったまま**でいることです。あなた自身の行為や相手の行為に関して、一切の思い込みを持たないことです。心を空っぽにして、一つ一つの動きが生じるのに任せて動かなければなりません。視界の範囲を広げ、できるだけ多くのものを取り込み、ここぞという時に、滑らかに流れるように移動し、打撃を放ちます。

無心によって私たちは明敏でいられます。無心は、自分が望むタイミングや必要とする場所にピッタリはまる手助けをしてくれます。居着いた心は、自由に集中ができません。居着いた心は思い込みと予断の結果であり、明瞭さが必要な場面で混乱を生み出します。一方で無心は、こだわりを捨てて思考を受け入れるように教えます。それは湖が湖面に像を浮かばせておくようなものです。その結果、より自由に動き、考えることができます。

人生スキルという観点でも、無心は日々実践する技法です。それはなぜか？ 悪い思考、感情、期待などを追いかけるのは簡単だからすぐに始めてしまい、それに囚われてしまうからです。さらに、思い込みを持つことは危険であり、時に破壊的あるいは非生産的でもあります。

いくらか前、私は、抵当権を更新したいと思っていました。銀行の支店長に電話した時、彼女はまるでことわざに出てくるみたいな悪い日に行き詰まっているような声でした。彼女は欲求不満を私たちの会話に放り込むことに全く気の咎めもありませんでしたが、私はそれに反応しませんでした。しかし、彼女の態度には困惑しました。

その後、こういうことは時々起こるものであり、特に一日中一般の人たちと仕事をする人にとってはなおさらである、と私は理由付けしました。それでも、この電話によって、特に支店長の声の調子によって私の中に膨れ上がった落ち着かなさを、一日中手放すことはできませんでした。

私の父が私に抵当権について尋ねた時、レートは良さそうであり、更新するつもりだけど、支店長は無礼なやつだったと話しました。自分がそう言っていることを耳にした時、欲求不満が徐々に葛藤へと醸成しつつあることが分かりました。私は束の間に未来へ飛び、彼女の粗野な調子に対して自らの刃で応戦するのが見えました。また、それがいかに何ももたらさないかが分かりました。

ついに銀行の支店長と対面した時、自分を落ち着かせ、心の中から以前の会話の感情的な残滓《ざんし》を取り除いて空っぽにしました。彼女について抱いていたいかなる思い込みも取り去って空っぽにすることを選びました。これは祝うべき時のはずだと、自分に話しかけました。結局、銀行は更新したその抵当権でもって、数千ドルを私に貸し付けてくれることになりました。

私が明るく温かく彼女と会うことで、彼女も同じように返してくれました。この時私は、彼女が深い微笑みとユーモアのセンスを持った、楽しげで感じの良い女性だということが分かりました。彼女は非常にプロ意識が高く、気配りが利いていました。押すことが、突きに対する**機能的な反応である場合もありますが、今回は違いました。**

その日は多くの教えを学びました。無心を生活に応用できることばかりでなく、怒りに対抗した怒りはさらなる確執しか生まないことが分かりました。また、思い込む心は、放っておくと関係を悪くしたり、成功を妨げたりします。

ネガティブな感情や思い込みの除去は誰にとっても難しいのですが、そうしようとすればすぐに、大きな利が得られます。コツは、状況の流れに合わせることであり、状況をコントロールしようとしないことです。ネガティビティを手放す許可を自身に与えましょう。ネガティビティを信頼してはいけません。それはあなたに不利に働きます。

無心を実践しましょう。感情的な残滓や意固地な反抗心を、心から取り除いて空っぽにしてください。怒りはあなたの敵です。あなた自身や他者についての思い込みを避けてく

ださい。起こる前から起こることが分かると思い込んではいけません。油断なく、視野を広げます。積極的に動かないことを実践しましょう。ポジティブなエナジーを生み出すのです。自分自身を信じて。

走らせるのではなく、行かせるのだ。考えるのをやめよ。ただそれは、諦めるということではない。

——ブルース・リー（1940～1973）
ジークンドー創始者・映画俳優

目を閉じて、怒りや恨みを感じる相手をイメージしてください。あなたがはっきりとそれと分かるぐらい、その気持ちを高めましょう。

次に、一枚の紙にその人物の名前を書く様子を想像してください（あるいは実際に書いてください）。ゆっくり書きましょう。

さて次に、その人物がしたこととそれによってあなたがどんな気持ちになったかを、最大限ゆっくりかつきれいに、ちゃんとした文章で記してください。思慮深くきちんと書くことが重要です。もしこれをイメージで行う場合は、それぞれの単語のそれぞれの文字ごとに、インクが紙に乗っていく様子をじっくり観察してください。

そうしたら、そのような気持ちはあなたを抑えつけるだけで命の力や喜びを制限していますから、自分自身に向かって「捨ててしまおう」と断言しましょう。もはやその感情は生活において何ら力を持たなくなるだろうと、自分自身に語りかけましょう。

次のステップは家の外で行ってください。紙を細かく切り刻んで灰皿に置き、火を点けます。燃えるのを見て、灰以外何も残らなくなるまで必要に応じて何度も火を点けてください。

もしこの過程をイメージで行う場合は、ちゃん

と時間を作って、炎が紙の小さな破片一つ一つまで燃やし尽くし、それぞれの単語のそれぞれの文字が消え去る様子をじっくり観察してください。

さあ最後に、その灰を風の中に吹き飛ばしてしまいましょう。

別バージョン

有害な出来事やそれに対するあなたの気持ちについて書き記したものを燃やすよりも、むしろ、その紙を小さく畳んで一日中ポケットに入れて持ち運ぶか、鏡にその紙をテープで貼り付けるかします。

それによる汚染が毎日あなたに与えている損害を、あるいは他のことに使えていたのに心理的にも物理的にもそれが占めてしまっている場所を、自分自身に気付かせるのです。最後にそれを燃やした時、処分した喜びはより一層強いでしょう。

決意 Resolutions

☆今日、私は空っぽな心になるよう努め、善なるものが入り込む場所を作り出します。

☆今日、私は思い込もうとする欲求を捨てます。

☆今日、私は予断しようとする欲求を放棄します。

☆今日、私は心から疑いを取り除いて空っぽにします。

☆今日、私は心から怒りを取り除いて空っぽにします。

☆今日、私は心から憎しみを取り除いて空っぽにします。

☆今日、私は心から恐れを取り除いて空っぽにします。

☆今日、私は心から罪悪感を取り除いて空っぽにします。

☆今日、私は心から恥ずかしさを取り除いて空っぽにします。

☆今日、私はコントロールしようとする欲求を捨てます。

☆今日、私は力に対して柔らかさで応じます。

☆今日、私は自分に影響を及ぼす有害なエナジーの向きを変えます。

☆今日、私は結果を予期したい欲求を捨てます。

☆今日、私は目一杯空っぽになることで安心感と一体感を保ち、感謝の気持ちでいます。

☆今日、私は神に身を任せます。

Being the Flame; Being the Hand

Observe and Listen to Others

第3条

炎となり、手となる

他者を観察し、他者の声を聴け

あらゆる生き物が、私たちの親類だ。

——ブラック・エルク（1865〜1950）
オガララ・スー族の呪術師

優れた武術家は、規定の動きに頼りません。規定の動きは、その瞬間に起きていることを知るのを妨げるだけです。

以前、私の先生は「火の点いたロウソクを想像してみましょう」と私に勧めました。「火傷をしないように、手が炎の周りを回ったり、炎から離れたり近づいたりするところを想像します。そうやって、あなたのしたいように自然に自発的に動かします。あなたはその炎となるか、その手（そのもの）となるでしょう」

これを初めて試した時、私は電気をすべて消して、ロウソクに火を灯しました。炎は高く燃え上がり、周りに手を回し始めると、その手に向かって長く滑らかな線を描きながら動きました。回すペースを速くするとそれに合わせて追いかけ、手のひらに近づくように傾き、私の動きを映し出しました。

私が近づこうとすれば炎は私に向かって流れるので、炎の周りで一定の軌道を保つようにしました。字義通り、一緒に動き続けるつもりならば維持しなければならない筋を感じられました。もしこの道筋から外れたら、私は火傷をするか、その密着感・接触感を失うことになるのでした。

私は何度か火傷をしました。油断なく観察して、明断な心で炎の動く様子にのみ反応し、炎が動くだろうと推定したことには反応せずに、いかに動くかを学ばなければなりませんでした。正しい道筋あるいは動きの発見は、**不断の観察**を通して得られました。炎の動きと調和した状態でいる限り、ずっと安全を維持することができました。

ただ観察するだけではありませんでした。私はまた、炎のメッセージを聴かなければなりませんでした。私が先に動いたかどうかに関わらず、私と炎の距離が近づいた途端、私の手は火傷するのを避けるために一定の軌道に戻らねばなりませんでした。同じように、炎が元の位置にいられなくなって私の手の動きに引っ張られると、そういう時は消えてしまわないように遠ざかるのでした。

この**第三の、あるいは相互関係から生まれる動き（調和した、あるいは共有された軌道）**の中にいれば、お互いが安全でいられました。一旦この空間に入ると、**「我が道こそ唯一の道」という態度は存在しませんでした。**なぜなら、**その道は常に刻々と変化し続ける**からです。手も炎も、どちらかが仕切っているわけではありませんでした。動きが始まった途端、そういう態度は捨てられました。

戦略的に他者を観察し他者の声を聴くことは、人間関係において個々に抱く全体的なウェルビーイング感を生み出します。それは、道場においても、日常的な作業をする場においてもです。

この手と炎の考えは、私たちの生活の中でたくさん応用できます。つい最近、私の新入生用の作文クラスのある学生が、間違った授業概要を持って、学期の最初の週に教室に座っていました。彼は全く別のコースの授業概要を私から受け取っていたのです。運悪く、私は大学職員から電子メールを受け取るまで彼の状況に気が付きませんでした。その学生が間違った書類を受け取って、どれほどパニックに陥ったかと思うと、私は困惑しました。同僚は私に、ただ単にその学生に正しい授業概要を渡してそれで終わりにすれば良い、とアドバイスをくれました。たしかに、物事に構わない方がよっぽど都合が良かったかもしれないのですが、私の本能は違う語りかけをしました。その学生と私は、コミュニケーションの回線を開く必要がありました。ただ結局、理由は何であれ、彼は私以外の誰かに問題を相談した方が楽だと感じたようでした。その行動は後々、問題を生み出す可能性がありました。

私の同僚は、その学生はすでに自分で動いているのだから、今の状況はいくぶんデリケートだという懸念を示しましたが、私は穏やかに前に進むことにしました。私は、（その学生との間に）いかなる衝突も起こさないことだけに集中しました。

私はエナジーを集めて、心が落ち着いていることを確かめました。心の中からいかなる予断も取り除くことに最善を尽くし、私たちの第三の動きが始まる機会を待ち続けました。私は態度を柔らかくして、概要を取り違えていることを聞いたと告げることで行動を開始し、正しい書類を用意することをごく自然に付け加えました。私は、できるだけ慎重かつ控えめなままで居続けるよう努めました。

興味深いことに、彼の求めるもの、つまり正しい概要を与えると言った時、彼の気分がごくわずかに明るくなりました。それが私の最初の手でした。私が新しい動きを始め、彼がそれに引き寄せられました。どうして正しくない資料を受け取ったのかと尋ねると、彼は、「最初の授業に出損ねて……、おそらくそのせいでしょう」と言いました。今、私たちは同じ軌道上にいました。

私は軽く「ああ、そうですか」と返しましたが、私が忙しくしていて彼に間違った書類をうっかり渡してしまったのだから、彼には全く責任はないことも付け加えました。私たちは調和しながら動いていたので、**会話がポジティブな方向に向かっていることを感じられました。**私たちは第三の動きを見つけたのです。それは、ウェルビーイングの感覚、私たち両方にとって得な感覚をもたらしました。

ここで止まってはいけません。たとえ物事が有利な方に向いていても、観察したり声を聴くことを続けてください。この状況の場合、私の学生はまさに緊張がほぐれ、いかにパニックになって大学事務に行ったかを話し始め、違うクラスに登録されてしまったのではないかと恐れていました。彼はこれまで、ずっと不安を抱えていました。そこで、彼が本当に必要としていることが分かりました。

「辛かったでしょう」と私は言いました。「混乱した状態でそんなに長いことそこに座ってなければならなかったんだからね」。本当のところは、これが彼の不安を引き起こしているという直感を得たので、私は分かっていることを彼に知らせたいと思いました。それこそ調和のなせる技でした。調和は動きを滑らかにする他にも、思いやりと安らぎを生み出す手助けとなります。

彼は私を見て、ホッとした様子で静かに頷きました。彼は続けて、宿題（間違った宿題）を事前に全部やってきたことを話しました。彼は「これからはもう大丈夫です」と告げると、私たちは別れ、お互いに必要なものを得られました。コミュニケーションの回線が開き、その回線はそのまま開き続けました。

並んでいない二人、あるいはそれ以上の人たちを共通の道筋に移動させてそこに居続けさせるのは、いつも簡単とは限りません。しかしながら、実践と高い注意をもってすれば、そうした道筋はしばしば姿を現すでしょう。

私たちが自分の周りの人たちに共感し、もっと思いやりを持つように努力すれば、そうした道筋は、より自由に惜しみなく、私たちの前に広がるでしょう。私たちは自分たちの関係が、距離を置いたり不安を生み出すのではなく、むしろ、より心地良く平穏になるのに気が付くでしょう。

ですが、望むだけでは関係の行路は変えられません。私たちは、他者を観察し、他者の声を聴くことを忘れてはいけません。このことが、真実を自然にかつ対立なく浮かび上がらせるのです。炎や手のように、その行為と反応が不和ではなく調和から発展する時、お互いを力付けるのです。

お互いに近づこうという態度は、互いを育て、思いやり、敬うことになるでしょう。それによって、どうすれば生活の中により多くの善や愛を引き寄せられるかを、はっきりと知るでしょう。私たちは明るく輝くようになり、対立しなくなるでしょう。他者の中により多くの善を見つけ、他者も私たちの中により多くの善を見つけるでしょう。私たちの行為は、他者の道を照らすように働き、他者の行為は私たちの道を照らすように働くでしょう。

規定の反応に頼ってはいけません。辛抱強さを持ちましょう。無理に解決しようとする必要はないのです。支配しようとする必要もないのです。優しさは強さの守り神となるで

しょう。

他者を観察し、他者の声を聴いてください。調和する中で、導くことも導かれることも同じ動きとなります。方向は自ずと決まってきます。炎になりましょう。手になりましょう。調和するのです。そうすれば、あなたが必要とするものはやってくるでしょう。他者を尊敬してください。あなたに向けられた尊敬の念を楽しんでください。安心を感じましょう。心地良さを感じましょう。

瞑想

Meditation

調和を通して
あらゆる物事は影響を受けている。

——孔子（前552頃〜前479頃）
古代中国の思想家・儒家の祖

以下に示す瞑想は、薄暗い照明の部屋で行うと驚くほど効果を発揮します。ロウソク、それも長く火が灯る芯のあるお好みのロウソクに、火を点けるところから始めます。

次に、手のひらが炎に向くようにかざし、炎の温かさを感じるぐらいに近づけます。そうしたら、ゆっくりと炎の周りに円を描くように手を動かしてください。炎の熱を感じるぐらいの近さを保ってください。

炎となり、手となる Being the Flame ; Being the Hand

――他者を観察し、他者の声を聴け Observe and Listen to Others

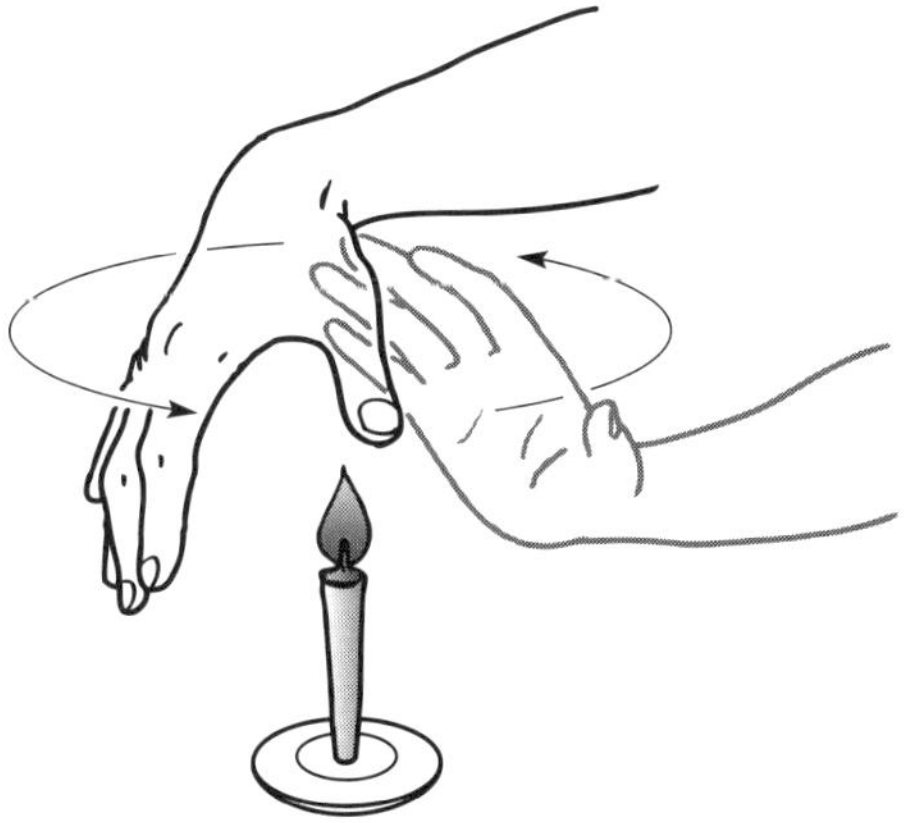

炎そのものに直接触れないように気を付けましょう。あなたの目的は、炎を動かしたり手を追わせるだけでなく、あなたの動きに合わせて内側や外側に傾けさせることです。要するに、**あなたとともに動く**道筋を創り出すことです。

その道筋を（考えるというよりもむしろ）感じるようにしましょう。接し続けようとすれば、その道筋はあなたの前に現れます。できるだけ注意深くいてください。動きの調和を感じるようにしましょう。それは刻々と展開しています。あなたの感じる能力が持つ安全性と調和性を信頼しましょう。

上級バージョン

ここでは、試してみても良い、イメージの仕方を示します。人生の中で緊張の元になったことのある誰かを心の中に呼び出してください。その人物との間で経験した葛藤の元を考えるのです。二人がよく遭遇する場面をイメージしましょう。

炎の周りを回っている手の動きを思い出してください。あなたの手のエナジーに近寄っていく炎の動きを思い出してください。自分はリラックスしているけれども注意を怠らない、空っぽの心でいるところを想像しましょう。このことは重要です。なぜなら、この瞑想では、あなたの思考は際限なく可能なものになるからです。

あなたがその他者と交流する様子を観察し、傾聴するのです。あなたは手か炎だと想像してください。「相手」はその他者であり、あなたたちの会話が動きです。

言葉と身振りの中に、優雅で調和した道筋を見つけましょう。その中に、柔らかく開放的に居続けるのです。しっかりと油断することなく、この人物に関して今まで感じたあらゆることを忘れ、自身に関する気付き以外のことは手放し、何も期待せず、何も判断せず、何も欲することはありません。

目的は、あなたたちが一緒に創り上げたエナジーの場に入っていくことです。それを使ってその他者を**「知る」**のです。真実が浮かび上がるのを待ちましょう。浮かび上がったら、直ちに反応してください。思いやりでもって反応してください。

この知恵を、普段の人間関係に持ち込みましょう。

決意

Resolutions

☆今日、私は抵抗する代わりに、私の中の生命力に従います。それを信じて追って、他者と調和します。

☆今日、私は調和している時は安全だということを忘れないようにします。

☆今日、私は知り合いたいと願う他者に、私の価値や結論を押し付けないようにします。

☆今日、私は出会った他者に関して、注意深く観察し、声に耳を傾けます。

☆今日、私は疑念を手放し、感情と直観が私を行くべきところへ連れて行くようにします。

☆今日、私はすでに知っていると思っている人のことを、もっとよく知る機会を探します。

☆今日、私は好き勝手に自分が誰かということを表明している人を非難しない、あるいは、大目に見ます。

☆今日、私はたとえ同意できなくても、他者の所感を積極的に尊重します。

☆今日、私は沈黙することで欠けるのはただ一つ、声の音だけだということを忘れないようにします。

☆今日、私は何も要求しないようにします。感じたことだけを使って問題を解決します。

Assessing Threats

Conquer Your Fear

第4条

脅威を評価する

恐れを克服せよ

語るのを止めよ。考えるのを止めよ。
そうすれば、理解できないものは何もない。

——僧璨（500頃〜606）
中国随代の僧・禅宗の第三祖

私たちは、痛みが生活の中に入ってくるのを止められませんが、痛みに対する反応はコントロールできます。痛みに対処する最初のステップは、本物の脅威と脅威でないものの区別だということを、大半の武術家は早い段階で学びます。

この二つの違いを学んだ最初の機会は、相手の蹴りが正確に私の頭を狙って飛んでくるのを初めて見た時でした。私の反応は、視界に捉えただけだったのでしょう。蹴りが当たると予想して完全に固まってしまいました。たとえ蹴りを避けたいと思っても何もできないほど、思い切り固まっていました。いうまでもなく、私は脇腹に突きを食らいました。

私は、その後の数回の稽古でも同じ筋書きを再体験しました。とうとう私の先生は、何度も当てられている私を見かねて、声を掛けてきました。

先生は説明し始めました。

「あなたを動けなくさせた蹴りの大半は、そもそもあなたに届かなかったでしょう。その蹴りはあまりにも遠いところから放たれていましたから」

先生は、入門したての多くの者と同じく、私もまだ恐れを克服するのに苦労していると説明しました。

恐れを克服するには、まず脅威を評価しなければなりません。自分の周りに円があるのを想像するように、先生は言いました。色は何色でも良いです。その円は、相手の蹴りの届く長さ、つまり、害の及ぶ場所の外に自分を置く距離よりも広くあるべきです。

それから、もう一つの別の円を想像するように言いました。さっきとは別の色で、相手の突きが届くよりも少し広い円でした。それらが、私のレンジ（防衛圏）なのでした。

「もし相手がそれらの中に入ってきたら、相手の行為を脅威と見なし、適切な反応を決めるべきです」
私は受けたり反撃したり避けたり、あるいはそれらを組み合わせたり、そのレンジの中で適切なことを何でも行えました。ただ、もし相手が私の円の外に居続けている場合には、相手は出したいと思うあらゆる騒音を出しまくり、あらゆる打撃を繰り出し、私をあざけり、とにかく何でもできるだろうけれども、私は**落ち着いていることにしました。**それらは脅威ではないからです。

しかし、脅威でないことも機能します。武術家が習う最も基本的な組手技術の一つが、フェイント、つまりデコイ（囮《おとり》）の使い方です。「武術家はこれが好きです。私たちが打撃、突きあるいは蹴りを放つと、相手はこれを脅

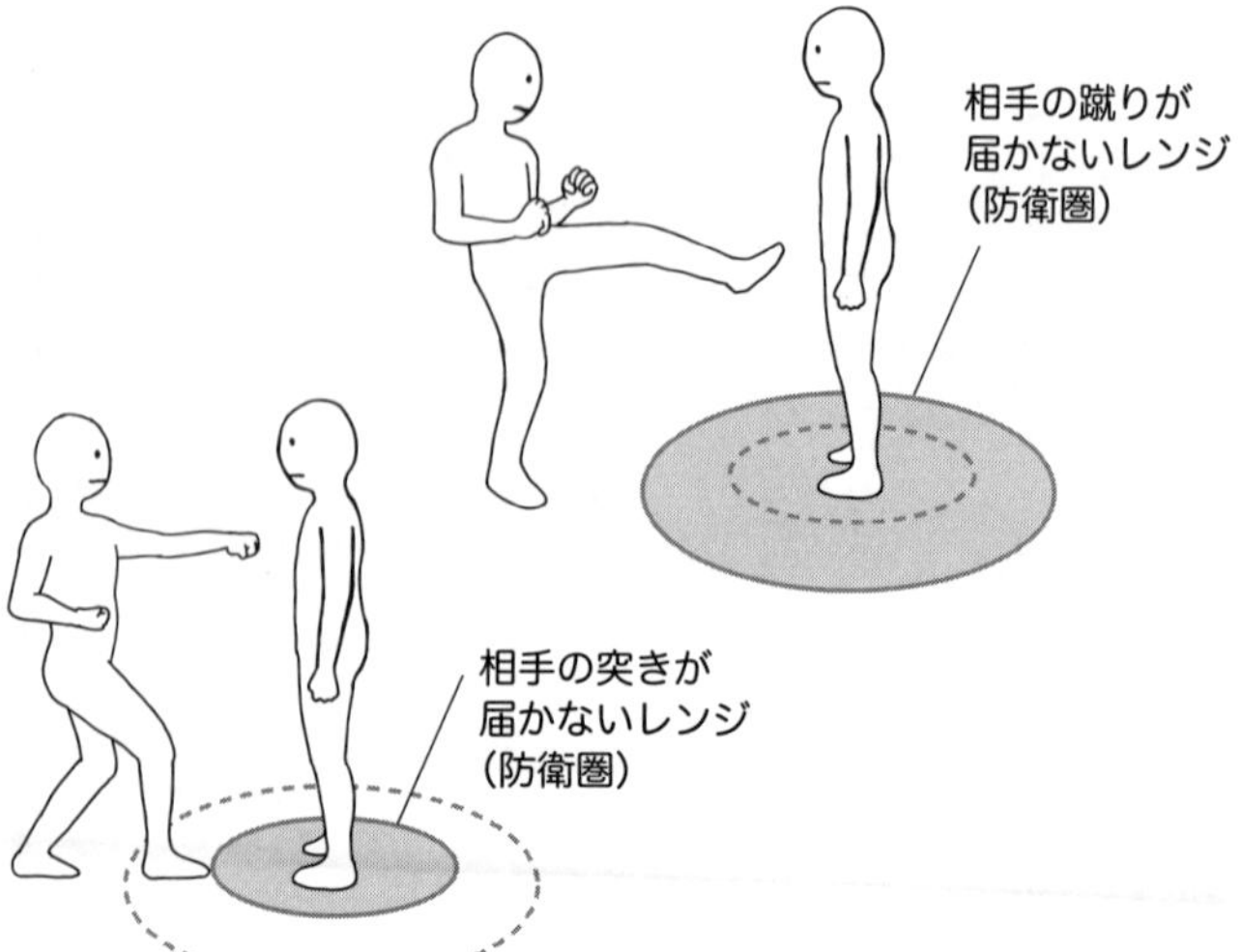

威と知覚するでしょう。相手がこれに注意を払っている一方で、本当に効かせる方の打撃を放ちます。全ての武術家がこれをします。なぜか？　それが機能するからです。たとえ経験豊かな相手に対してもです。

ここに一つの例があります。

ある日、ある生徒と私が組手をしていました。距離が縮まると、彼は突然両腕を大きく広げて前方に飛ばしてきました。それはまるで、手の先でもって、私の頭の両側それぞれに同時に札を付けるかのような仕草でした。私がその攻撃を追った時、彼は**即座に腕を引っ込めて疾風のような直突きを放ちました。**それはあたかも、私の中心に向かって50ヤード【訳注▽約45メートル】のダッシュを決めるような感じでした。

彼のフェイントは大きくて明らかだったと思うでしょう。それにも関わらず、機能しました。自分がそんなものを追いかけるなんて、全く信じられませんでした。私が囮に気が付いた後でさえも、彼はそれを成功させることができました。そのような動きは初心者にしか機能しないだろうと考えたことを思い出します。そこで私は同じフェイントをあるベテランの生徒に試したところ、驚いたことにそのフェイントは機能したのです。

脅威を評価することは常に難しいのですが、いつも働かせておく必要のあるものです。

コツは、恐れを克服することです。

私の先生は、不必要な恐れを取り除いて重要なことに注意を保つことを意図した練習方法をいくつか持っていました。

ある時、先生は14パウンド【訳注▽約6キロ】もある巨大なボクシンググローブ（普通の握り拳の4～5倍はある大きさ）を引っ張り出してきました。先生は私とある練習相手をペアにし、私には背中の後ろで手を組むように言いました。私と相手は向かい合って近くに立ち、グローブを与えられた相手は普段の75％ぐらいの力で私の頭に向かって突きを放つことになりました。私は、あちこちにヒョイヒョイと動いて打撃を避ける何かを習っているつもりでした（なお、相手は、後で交代してから練習すると言われていました）。

先生は、私たちの考えていることを察知してグローブを取り上げ、私たちに向けて25％ぐらいの回転力で何回か突くと言いました。たとえそんなに軽い打撃でさえも、私にとってはいかに重大だったかを思い出します。しかし、当てられてみると何でもないことが分かりました。小さな枕で打たれているような感じでした。脅威はなくなりましたが、残るのは恐れだということです。

恐れを取り除くことは、正しい物事に焦点を当てる手助けとなります。練習相手と私は打たれる恐れを一旦捨てると、その練習方法の重要な要素に集中できました。それは、**打撃をかわすのに必要な動きと自信**を作り上げることでした。最初は不安だったものが、やがてお気に入りのエクササイズの一つとなりました。今日に至るまで、私はこれを使って組手スキルを磨いたり、不必要な恐れを取り除いて状況を整えるのに役立てたりしています。

もちろん、「恐れを克服せよ」というのは口で言うほど簡単ではありません。時に脅威は本物であり、確かに痛みを伴います。こういった場合私は、無心や呼吸調整のような心を落ち着かせる工夫を、痛みを和らげるのに効果的な方法として用いてきました。

またあるケースでは、気を焦点付け、方向付けることが、痛みを予防したり取り除いたりする優れた方法となります。これを、にわか仕込みで簡単にできる調整方法だと示唆しているのではありません。むしろそれは、多くの効果を得るために実践と生活への統合を必要とするような、諸技法からなる様式です。

最近私は、腹腔鏡による手術を受ける際にこれらのスキルを用いる機会を得ました。私の想像は私を圧倒していたので、外科手術に関するあらゆる未知のものに恐れを感じ始めました。私は、処置が脅威でない理由に焦点を当てるようにしました。手術は私の身体の一部に行う部分的なものであり、**痛みや回復の問題はあったとしても、ごく小さな対処可能なものでしょう。**それに、医師は手術の成功に自信を持っていました。手術の成功は、ここ数ヶ月歩く時にずっと伴っていた不快感が除去されることを意味しました。

しかし、手術の時間がやってきた時、私はまだ恐れていました。心から感情を一掃し続けようと努力し、壁に貼ってある図表に強引に集中しました。たとえ私のいる位置からはそれは読めなくても、私の心から今起きていることを排除し続け、私の不安を最小限にするのには十分でした。私は呼吸を調整し、落ち着いたままでいるようにして、最後には、害の及ぶ場所の外に自分を上手く移動させると、医師が話す声が聞こえました。

「どうです、そんなに大変じゃなかったでしょう?」

私は時間を追うのを忘れていて、手術が終わったことに驚きました。「ええ」と私は言いました。

「大変じゃなかったです」

こうしたスキルを用いて恐ろしい状況を乗り越えるのに役立てれば、いつも苦もなく、再び活力で満ちるでしょう。自分自身を守る力に誇りと自信を持てるでしょう。より自由な気分を感じるでしょう。より満足するでしょう。より存分に生き、より多く経験し、より多く成し遂げるでしょう。

あなたは痛みに対する反応をコントロールできます。脅威の評価を実践しましょう。恐れを克服しましょう。スキルを用いて本物の脅威に対応し、脅威でないものを退けるのに役立てましょう。落ち着いたままで臨機応変に。ポジティブなエナジーをあなたの中に漲らせましょう。自分を信じてください。

瞑想
Meditation

もつれた思考を避けよ、
そうすれば楽園の真相が分かるだろう。

——シャムス・タブリーズ詩集

タブリーズ出身のイスラム詩人シャムス（生年不詳～1246）の詩集

あなたの生活に、身体的でも感情的でもスピリチュアルにでも、痛みをもたらす状況を考えてください。それが起こる時と場所を見きわめてください。目を閉じて、登場人物と出来事をイメージしましょう。あなた自身の視点からでも、客観的に外から眺めるのでも良いです（この場合、あなたは登場人物の一人になって、後ろから上から下から前からなど、様々な観点から自分自身を眺められます）。また、写真的な風景の中にいる誰かや何か（の視点）から、行為を眺めることもでき

脅威を評価する Assessing Threats
――恐れを克服せよ Conquer Your Fear

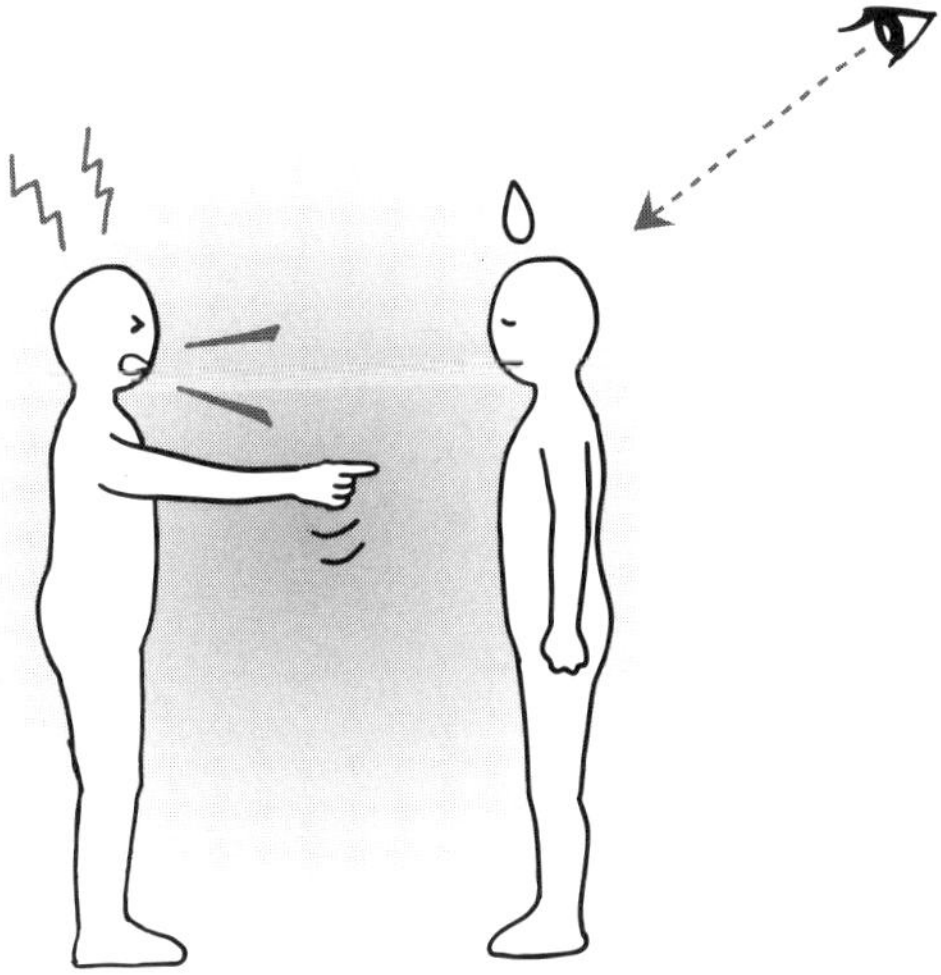

ます。私としては、複数の見方を探るのをお勧めします。

写真の中の細かい点を全て考慮して、本物の脅威と脅威でないものを区別しましょう。そして、脅威でないものを捨て去ってください。それらにはあなたを圧倒する力はないと、自分自身に語りかけてください。

再び集中し直す助けとして、もし必要なら、今いる環境の中で脅威でないと知覚しているものに注意を向けましょう。それを使って落ち着き、芯を感じるのに役立ててください。気を呼び込むことであなたに力を与え、あなたを護るのです。再び活力で満たしましょう。愛と力の感情があなたの中を流れるようにしましょう。

どんな脅威が現れたとしても、その対処に必要な特別な道具は何かを、あなたの内なる自己に尋ねてください。あなたが必要なのは、柔らかさ、優しさ、知恵、感謝、思いやり、喜び、共感、善意、ユーモア、それとも強さでしょうか？

あなたの知っている人の中で、脅威を見事に解消する資質を持っている人を想像してください。その人物をあなたの状況に置いてください。他者とその人の才能に関心を広げると、その才能を受け取れる可能性を生み出します。

あなたが選んだ人物なら、どのように反応するでしょうか？　反応が成功する何か特別な道具を持っているでしょうか？　すでに必要だと分かっている道具の中にその道具も加えて、単純に全ての道具を呼び出すのです。それらがあなたの元にやってくるところを感じてください。よく注意して、まさにそれを使う瞬間が訪れるまで待つのです。

決意

Resolutions

☆今日、私は問題に対して自由に反応を選ぶことを、積極的によく注意して忘れないようにします。

☆今日、私は脅威と脅威でないものを区別するために、落ち着いて臨機応変でいます。

☆今日、私は脅威でない状況を見きわめて捨て去るための機会をうかがいます。

☆今日、私は恐れることなく一日のイベントと向き合います。

☆今日、私は神の力を心と身体と魂に呼び込み、その豊かさの中に身を委ねます。

☆今日、私は私自身の愛と力に身を委ね、そのことに感謝します。

Seeing with Your Skin

Develop Your Sensitivity and Intuition

第5条

肌で感じる

感受性と直観を養え

筆と墨のことを全て忘れよ。
そうすれば、風景の美しさが分かるだろう。

——荊浩（生没年不詳）
中国唐末の山水画家

感受性は、武術稽古の主要な概念です。私の先生の好きなフレーズの一つが、**「肌で感じなさい」**です。

先生なら「感受性とは、たくさんのドアを開ける鍵です」と言うでしょう。

感受性という言葉自体は、ラテン語の sens に遡ることができ、「感じること」を意味します。sens は「それに基づいて行動するのに、それを十分に理解すること」と定義できます。

第5条

肌で感じる Seeing with Your Skin

――感受性と直観を養え Develop Your Sensitivity and Intuition

名詞形になると、超能力者を指すことがあります。感受性は、単に直観として理解するのが一番良いかもしれません。

感受性は自然なものであり、本質的なものです。多くの場合、感受性そのものが言語です。たまに誰かに肩をポンと叩かれた時、その人に向かって口に出して言えることの全てを考えてみてください。その時にあなたが感じて共有できる全てを説明するために、どれだけ多くの単語が必要でしょうか？

先生が最初に感受性の概念を稽古に持ち込んだ時のことを思い出します。**感じる能力**を再び学ばなければならないことに、私はとても好奇心をそそられました。

「足に注意を向けてください。足の下に何を感じますか？」と先生は言いました。

「床です」と私は答えました。

「目を閉じてください。目は当てになりません」と先生は断言しました。「肌でいかに感じるかを学ばなければなりません」

私は目を閉じました。しばらくの沈黙の後、私は、「足の裏、足の周りの空気、足に流れる血を感じられます」と加えました。

「それで良いです。では、もっと感じてみてください。他に何が感じられますか？」

「肌と筋肉です」と私は言いました。

「他には？」

「足、尻、重さ、その他の身体の部分、胴体、肩、腕、手、頭、呼吸……先生、先生のこともいくらか感じます」と私は加えました。「それから、建物と建物の中の様々な機器、建物の下や上にあるエナジー、窓から入ってくる風」

「そう、その感じです」と先生は言いました。

肌で感じるというのは、他者を観察し、他者の声を聴くために、単に目で見えるもの以上のものを使うという意味です。より深い知覚と意識でもって、感じる（sens）ことができます。あなたの全てを使うのです。感じられれば感じられるほど、相手に応じる方法やタイミング、あるいは**そもそも応じる必要があるのかどうか**を上手く決められるでしょう。感受性は心を活性化し、直観を養います。

先生は私に、先生から数インチ【訳注▽1インチ＝約2・5センチ】離れたところに立つように言いました。この時、先生は**自分の目を閉じ、**私の胸に手を置いて、私が攻撃するように指示しました。私は上段に向けて突きましたが、それを即座に防御しました。ここにも、私の心を読む先生の超人的に鋭い能力を見ました。

「好きに打ってきてください」と先生は言いました。蹴ろうが突こうが掴もうが関係なく、先生は正確に防御するか反撃するのでした。「一旦相手に触れれば、相手が次にどう動くか感じられないといけないでしょう」と先生は強調しました。

感受性には、内的なものと外的なものの2種類あります。それは陰と陽です。陰（内的なもの）は直観という私たちの神秘的な力と結び付いていて、陽（外的なもの）は私たちの理性の力と結び付いています。陰は繁殖や創造といった宇宙のエナジーであり、一方、陽は生産や合理といったエナジーです。

肌で感じるというのは本質的に、注意を内に転換することです。そこでは、反応する時に筋力にだけ頼るのではなく、むしろ鋭敏な気の感覚に頼ります。この転換は、他者の動きを感じ取る能力を活性化する上で非常に重要です。ある動きを直観し、その認識に基づいて動く瞬間に、私たちは注意を陰から陽に、あるいは内から外に転換しています。そのようにして、行為の中で、あるいは生活を通して、エナジーの調和した流れを維持しています。

こうした注意の転換に気付き、普段から稽古することが感受性と直観を強めるのに役立ち、その気付きに行動を委ねるようになります。すると、より滑らかに動けます。他者や周りの世界と、より良いバランスを見出せます。もっと頻繁に他者とつながります。心が活気付き、経験が深まります。

最初の頃、私は単にスピードと正確さを高めるために感受性の練習をしていると思い込んでいました。それは**その一部ではあった**のですが、そのエクササイズが**究極的には身体の感覚的な限界を超えるように設計されている**ことなど、ほとんど知りませんでした。

私たちが行う最も伝統的で、より上級者向けの感受性練習の一つが、**チーサオ（くっ付く腕）**として知られるクンフーのエクササイズでした。

私たちがすることは、まずサッカーボールを胸の前に抱えるようにして、腕と手を置くことでした。次に、私たちはお互いにつま先が向かい合うように立ち、腕と手は同じポーズのままで、前腕同士を触れ合わせました。その位置から、私たちはそれぞれ想像上のサッカーボールを互いの胸の中心に向かって優しく押し込みつつ、左右、右左などと半回転させながらこの練習を続けました。

ポイントは、相手の腕に接触し続け、お互いのエナジーに対して感度を高く保つことでした。私たちは自分の内側に注意を向け、互いのわずかな動きを直観しなければなりませんでした。そして相手の手か腕の間に隙を探し、もし見つけたら打ち込むよう言われました。

この練習は競い合うものではなく、むしろお互いの気を感じ、それがどちらへ向いているかを直観する能力を高めるよう意図されていました。つまり、相手が何をしようとするのかを未然に感得する知覚です。そうすれば、受けるか、いなすか、あるいは打撃を加えられるでしょう。

感受性と直観は、柔らかさと静かさを必要とします。そうしないと波長を合わせられないでしょう。私たちはゆったりと、思い込みをせず、敏感

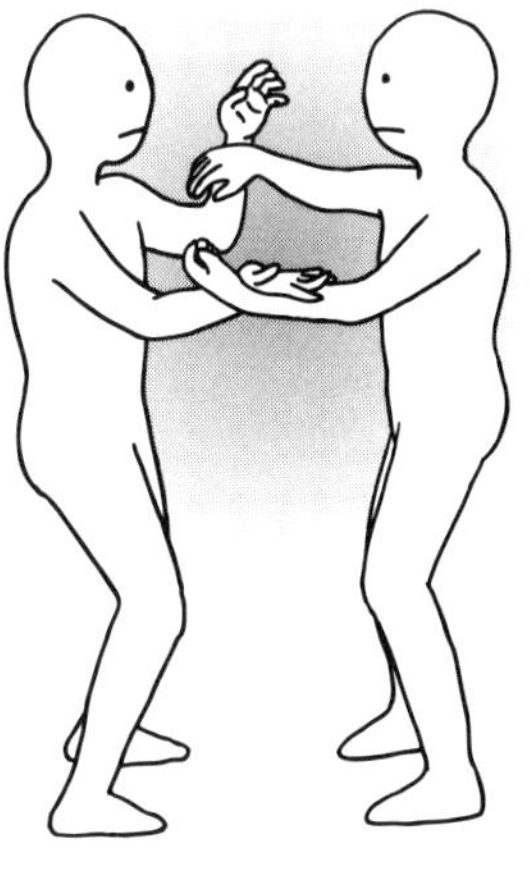

チーサオ
互いに前腕を触れ合わせた状態を保ち、わずかな動きを直観する練習。

であり続ける必要があります。

私が一緒にチーサオをした様々な相手を思い出す時、ある一人が際立っています。彼は図体がばかでかい男であり、３００パウンド【訳注▽約１３６キロ】はゆうに越えていました。誰もが、そんな巨人とやってみるとどんな感じがするかを経験したがりました。皮肉にも彼のやり方はとても軽やかだったので、最小限の力で彼の腕の間をすり抜けて打てると思ったものでした。

そう思って試してみると、鋭敏な意識が腕の間に揺らめいていて、鞭のようにパチンとしなり、どこへ向かおうとしても方向を変えられて払われ、バランスを崩され、最後には制圧されるのでした。彼は決して筋力に頼りませんでした。彼の力は内側からやってくるものでした。

感受性と直観は生来的です。道場以外でも、私たちは実際に起こる前に知る力を経験しています。多くの人にこういうことが起こるのは、長い間会ってなかったり音沙汰のなかった人のことを、ついさっき考えていたら、ばったり会う場合です。

他にもいくつか例があります。

私は数年来バイオリンを弾いてきて、ある出来事を数多く経験しました。誰かが直観的に曲の中に何らかの始まりを感じ取って瞬間的な即興を潜り込ませることで、思ってもみないほどリフ【訳注▽反復される楽節】が美しく（そして完璧に）合う様子に、誰もが幻惑されます。あまりにも美しく完璧だから、実際その曲を知らない人は、それが楽譜に書かれていないとは信じられませんでした。

音楽家にとって、感受性と直観に基づいて純粋に行為する（彼らが言うには**「感じる」**）、その動きは完璧に自然なことに見えました。

人前で話したり会話する時も、同じように働きます。私たちは聴衆に向かって講演をする時、多くの場合、台本に書いてあることを何行か端折ります。なぜなら、その時にそうすることが適切に思えるからです。別の場合には、書いてあることに付け加えたりします。誰かとつながっていると感じれば、それが正しいと分かります。

私たちは、こうしたスキルを日常会話でも用います。ある特定の状況ではこれくらいが普通だろうということに、加えて言ったり、言うのを控えたりします。つながっていれば分かります。気分も弾みます。

感受性と直観は、いつ動いたら良いか、どうやったら居たいところに居られるかを知る手助けをしてくれます。感受性と直観は、私たちが操られないように助けてくれます。あらゆる関係の中で他者とより良くコミュニケーションし、より良い一員となります。感受性と直観は、安全に居続けるのも助けてくれます。特に混乱している時、目標へ導いてくれます。さらに、心の奥深くの自己へと案内してくれます。

こうしたスキルを養えば養うほど、ますますその恩恵にあずかれ、生涯に渡ってそれらを養うことにのめり込んでいくでしょう。

心が自由で無限でいられる内的な世界へ向かいましょう。肌で感じることを実践してください。単に「思考する」代わりに、心のままに「在る」ことを学ぶのです。あなたの本能を信じてください。穏やかに純粋に生きましょう。自由に生きましょう。調和しましょう。

瞑想
Meditation

頭部にくっ付いている目玉よりも優れていて、
天地よりも遠いところまで届く、
そんな力がすぐそこにある。

——マイスター・エックハルト（1260頃～1328頃）
中世ドイツのキリスト教神学者

次に示す瞑想は、チーサオに基づいています。これを適切に実践するには相手が必要です。互いに向かい合って立ってください。自分の身体の芯を感じて、ゆっくり呼吸してください。全身をリラックスさせます。吸い込む息に合わせて、意識を下丹田に下ろしましょう。息を吸うごとに、呼吸が持つ清浄効果と滋養効果を感じてください。心を空っぽにします。呼吸しながら気のエナジーが高まるのを感じてください。

輝く気が外に流れ出て、保護的で滋養的なエナジーで身体を包み込むのをイメージしましょう(私はこれを、癒しの白い光としてイメージするのが好きです)。**できるだけ身体を柔らかくしてください**。そうすると、他者のエナジーを感じるのを妨げるかもしれない緊張が解けるからです。

◎片手で行うチーサオ

第1姿勢

あなたと相手は面と向かい合い、右の手のひらでお互いの額に触れられるぐらいの近さに位置します。

この距離が一旦決まったら、腕は体側にゆったり戻してください。

始めに右腕を差し出し、肘を90度ぐらいに曲げて立てて、お祈りするような形《かたち》で手を開いておきます。あなたの相手も同じようにして、相手の左腕があなたの腕の「外側」に交差するように置き、二人でXの字を作ります。相手の前腕の内側が、あなたの前腕の外側に触れます。二人とも、お祈りするような形で手を開いておきます。リラックスしてください。できるだけ緩めていてください。腕は空気のように軽くしておきましょう。

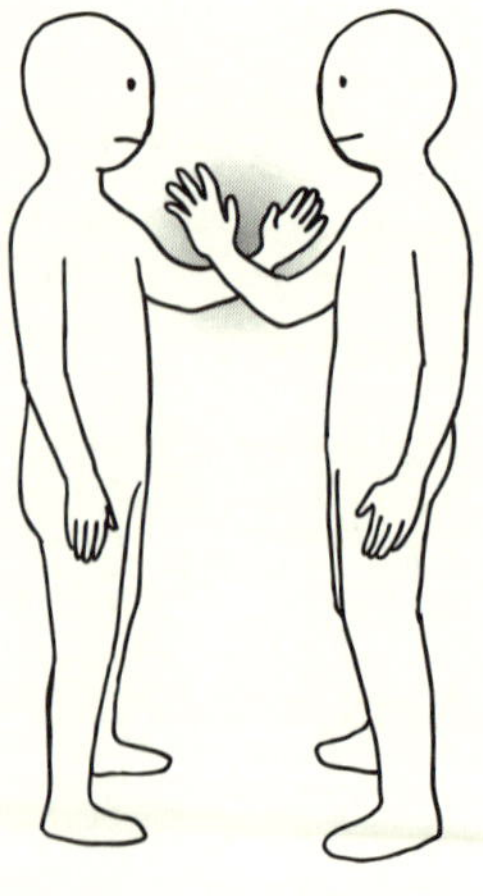

第2姿勢

柔らかく軽く、右腕をわずかに**前後に（くっ付いているのを維持しながら）**、相手の中心線（相手の身体の前面に走っている想像上の線）に向かって動かしてください。前腕は、蝶番のようにほぼ**上腕で動きを導くことです。**重要なのは、上腕で動きを導くことです。前腕は、蝶番のようにほぼ同じところにあります。

二人とも、腕を動かすのに合わせて手首を柔らかく保ち、お互いの動きに滑らかに合わせます。この時、手首をコロのように働かせ、相手の腕の前後の動きにより滑らかに合わせます。

あなたのすることは、お祈りの形をした手の外側の刃の部分【訳注▽手刀の部分】を相手の胸の真ん中に向けて持っていくことです。動きはゆっくり流れるように保ってください。相手のすることは、くっ付いているのを維持し、ごく柔らかく軽い状態のまま、あなたの手が近づいてくるのに

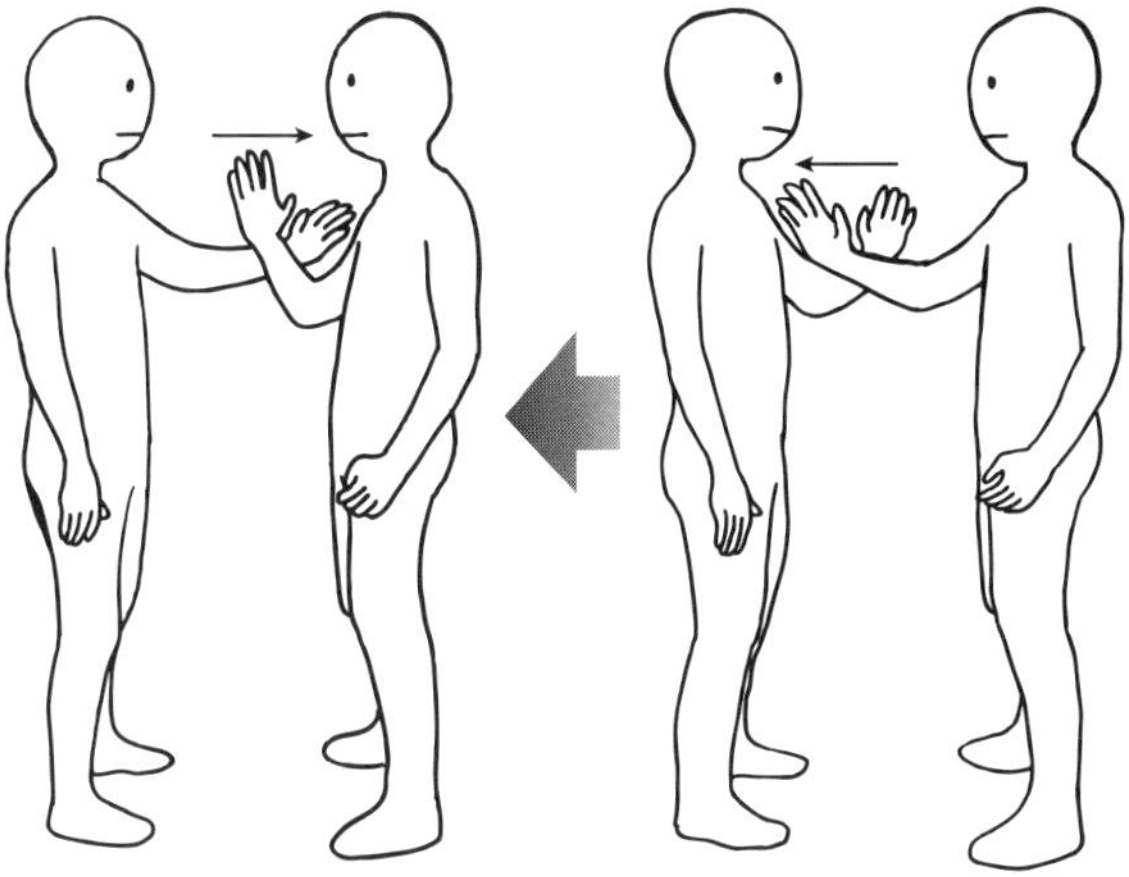

合わせて調和的に動かすことです。

ポイントは、互いに合わせて動かすことです。

この動きを続けて二人で互いに協調していると、やがてお互いに通じ合っていると感じます。リズムを確立しましょう。くっ付いている感じや手首が回転している感じを掴み、互いに支え合いましょう。

それを保ってください。もし腕が伸びすぎていると思ったら、相手の近くに動いてください。

なお、（使っていない）もう一方の手は、エクササイズの間、体側にゆったりと下げたままにしておきます。

身体の芯を保ってください。気が自分の腕を通って移動しているのを感じ、相手のエナジーをできるだけ多く感じましょう。

第2姿勢を何度か繰り返してください。これによって相手のエナジーに敏感になり、あなたのエナジーがそれとともにどう流れるかに敏感になります。**お互いを観察し、お互いの声を聴くために、「あなた」の全てを使うのです。**

第3姿勢

いよいよ、感受性と直観のスキルをさらに磨く準備ができました。

第3姿勢では、二人の一方が攻撃する人に、他方が防御する人になってください。攻守は交代する方が良いでしょう。一方がしばらく攻撃したら、他方がしばらく攻撃します。二人がこのエクササイズに慣れてきたら、攻撃する人と防御する人を特定しないでこの練習ができます。ただ事態が自然に進むのに任せます。

理想的に言うと、この段階の練習を二人の達人が行った場合、どちらも相手に一切打撃を加えません。両方ともが、それほど高い感受性と直観と能力を備えていて、相手の動きに「ぴったり合わせる」ことができるのです。それが、あなたたち二人の目指すところです。

前後の腕の動きを続けてください。もしあなたが攻撃する方でチャンスだと感じたら、相手の額(か胸の中心)に手のひらで(ごく軽く)触れようとしてみましょう。

動きはゆっくりのままでいてください。**当てようとしてスピードを上げてはいけません。**エクササイズ中は、確立した一定のスピードを維持してください。ここでの考えは、あなたの感受性と直観を用いて、相手の動きの中に隙間を見つけることです。その時、(もしあなたが攻撃する人なら)突くことができます。あるいは、(もし防御する人なら)突きが入ってくる時に自分の脆弱性を察知して防ぎ、相手との調和を維持し続けます。

防御している相手は、入ってくる突きの最初の数発は避けないでみましょう。相手にそうさせることで、エクササイズがどう進むかを二人とも見て感じられます。

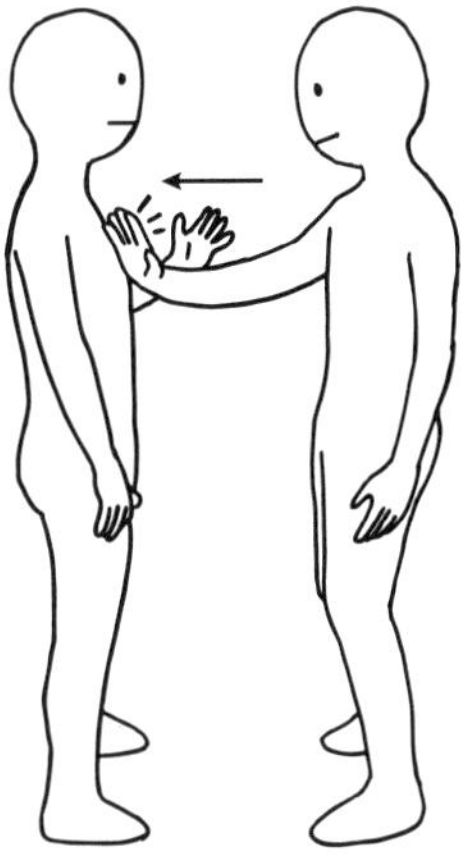

やることを理解したら次に、突きが入ってくるのを止めようとしてください。手を用いて、最初のように(第2姿勢の時のように)、単純に突き

を導くか滑らせて逸らします。**いらだってスピードを上げたり、強く反応することのないように集中しなければなりません。**

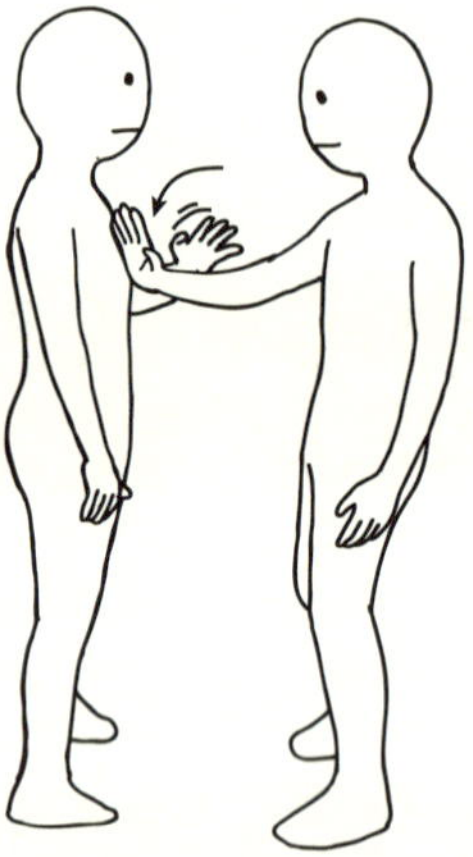

役を交代してください。お互いの動きの中に隙間を見つけたり、自分の脆弱性を防ぎながらも全体を通して調和を維持する、数多くの方法を発見するでしょう。

相手とくっ付いているのを常に維持することを忘れないでください。

上級バージョン

二人のうちのどちらかが、前述した姿勢となります。そして、真っ直ぐ前後に動かすのではなく、小さく（時計回りに）円を描くように腕もしくは手首を動かし、くっ付けた状態を維持します。**動きを競ってはいけません。調和してください。ごく柔らかいままでいてください。**もっと挑戦したければ、反時計回りでも動いてみましょう。

また、前腕を伸ばしたり真っ直ぐにしたり、腕全体をもっと大きな円で動かしたり、もっと小さな円でそうした動きを混ぜ合わせても良いです。腕を下げてみて、その後に円の動きを崩してみましょう。あるいは腕を上げるなどいろいろできます。腕全体で円を描いたり、手首で小さな円を描

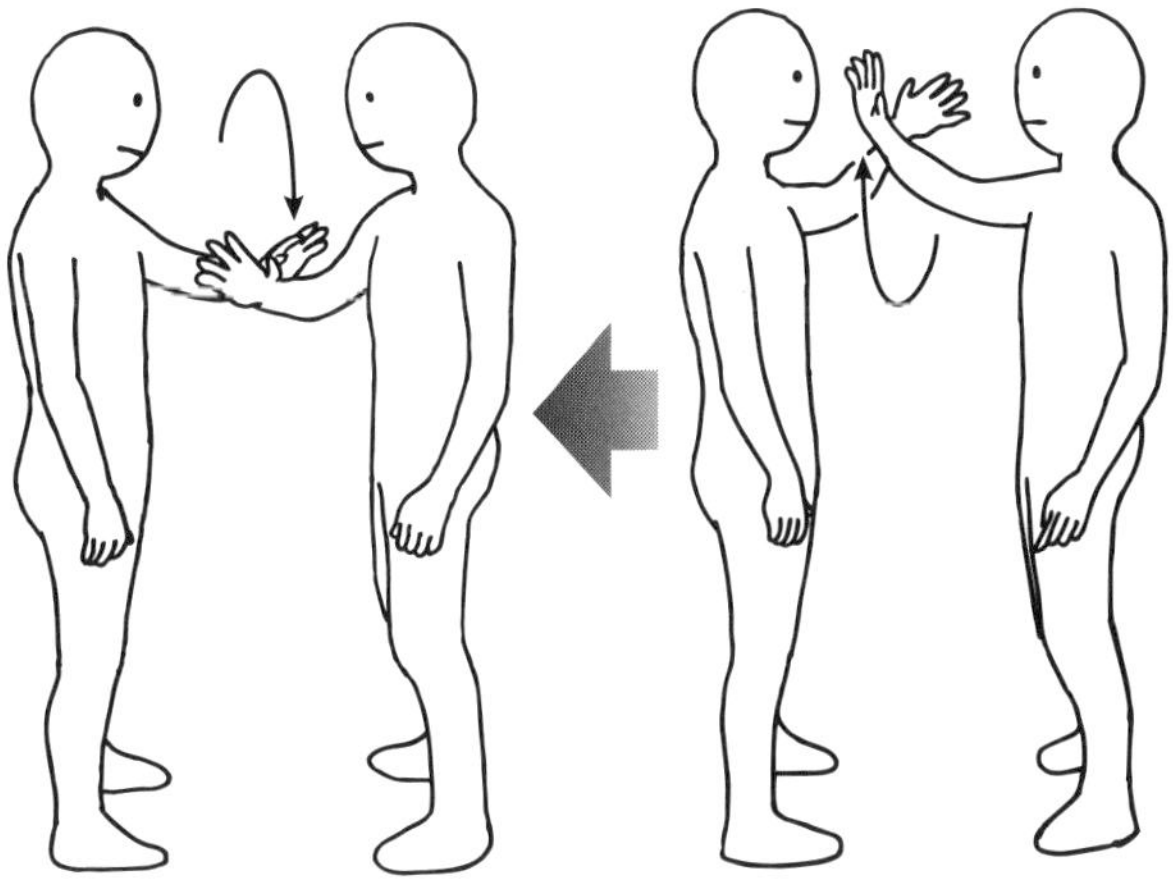

いたりできます。それぞれの動きは、違った可能性を開きます。

忍耐は必要です。隙間を感じたり直観しない限り、突きの動作を開始してはいけません。

しばらくの間、片手で行うチーサオを稽古した後、攻撃する人と防御する人を決めないでやってみると良いでしょう【訳注▽この時、自分は右手で相手は左手のようにお互い左右別の手で行っても、同じ手で行っても良い】。できると感じたら、二人ともいつでも突きを放てます。多くの相手と試すことをお勧めします。それは、色々な人たちの様々な表現を糧にして、自分の感受性と直観を磨くでしょう。

こうしたスキルをさらに練習して感受性を高めるには、目隠しして試してみてください。

チーサオは、感受性と直観を用いることによって、自分自身を十分に表現し、同時にぴったり合わせる、つまり他者と調和できることを示しています。

あなたの生活における自己意識、信頼感、コミュニケーション、親密さ、自発性、その他多くの側面を改善するために、こうしたスキルを日常生活に移す方法を熟考しましょう。そして、日々の関係の中で試しましょう。

決意
Resolutions

☆今日、もし自分が見たものをコントロールしようとしていることに気付いたら、それを手放し、コントロールするのに用いるエナジーを、会話における感受性を増すことに用います。

☆今日、私は自分の直観を信じる練習をします。そうすることで、より原初的な方法で理解したり知ったりします。

☆今日、私は話すよりも観察し聴こうとします。そして、話そうとしたら感覚的に気が付くようにします。

☆今日、私は何かを引き起こそうとするのを止めます。

☆今日、私は能力以上に頑張らないようにします。

☆今日、私は自分の魂の声を聴き、それが幸せに導いてくれるようにします。

☆今日、私は神の力が生活全て（人々と状況の両方）の中に入って流れていく様子を、知ることができると信じます。

Knowing Your Targets

Control Your Urges

第6条

目標を知る

衝動をコントロールせよ

真理は呼吸の間に現れる。

——ブッダ（ゴータマ・シッダールタ、生没年不詳）
仏教の開祖

私の先生はかつて、「一つ一つの動きごとに呼吸する必要はありません」と私に言いました。私が演じている形《かた》に関して、先生は文字通りの意味で話していました。**形**は武術の様式であり、踊りに似ています。

私たちは、調整した呼吸に合わせて一連の動きを練習していました。先生は、ゆっくりした深い呼吸が、瞑想における注意力や、体調上や戦闘時の強さをいかに増すか説明しました。ただ比喩として、もっと多くのことに言及していました。その時はまだ、例え話から引き出される結論を自分の力で探し出すことが、私に残されていました。それが先生のやり方でした。

最初に分かったことは、全ての動きに呼吸しないおかげで、心が集中したままになる、思考が離れ難くなることでした。

ただ私はまもなく、先生の言葉に含まれる別の意味を発見しました。

私はまだ初心者の頃、会って数ヶ月しか経たない相手と組手をしました。すっかり私は**呼吸の間に現れる真理**を、ある種の戦闘戦略だと理解していました。自分が打ちたいと思うところを打つ衝動をコントロールして積極的に待っていれば、つまり、単に試合の流れに身を任せていれば、「隙間」つまり相手の脆弱な部分が自ずと現れると思っていました。

私はそうしながら、流れとともに行こうとしていました。先生に教わったことを実践しようとしていました。すると、新しい戦略を携えて見栄えが良くなるばかりか、一度ならず何度もやられてしまいました。

先生は、**仕方ないという様子**で私をじっと見つめていました。それは、**私がこの教えを修得するのも時間の問題**だということを知らせるものでした。先生は正しかったのです。

私はまもなく、先生が私に言ったことを応用する方法を**「考えている」**から負けるのだと理解しました。武術では、人生でも同じように、あまり考えすぎないことを早々に学びます。**「実行」**しなければなりません。考えている間に、相手が首尾よくあなたを打てる場所を開いてしまいます。考えれば考えるほど、隙だらけになります。

ただ、衝動のコントロールは簡単ではありません。ある日、私は上手くいくまで自分が失敗しても良い余地を残しておきました。私は考えず、ただ動きました。すると組手の相手が隙を見せ、私の真ん前に看板のように大きな、思い切り開けた目標がありました。私は突きを放ち、打撃を加えました。それは全て、円滑かつ自動的に起こりました。

あなたは徐々にですが、この過程への信頼が高まり、ますます容易になります。やがて反応は速くなり、ますます努力を要しなくなります。

あなたが求めている目標は、起こると思っている（あるいは起こそうと思っている）ことと相手の行為との間に現れることを学びます。どの瞬間の真理も、思考に伴う呼吸の間に現れることを身に付けます。静かに注意深くいることを覚えます。

そして同じくらい重要なのは、衝動をコントロールすること、適切な瞬間を待って行為することです。

時には、本当の目標を確認するために、自身のやり方を変えてみる必要があります。そうすることで素早くまっすぐに目標へ向かい、標的に当てるのに十分な力を用いることを学習します。

こうしたスキルは、日頃の生活状況にそのまま使えます。それは私の場合でいえば、教えている大学で、ある秋に起きた出来事でした。私は、次年度の春学期にサバティカル【訳注▽大学教員が取得する長期休暇】を取ろうと決めていました。これは、休暇中の計画を立てて承認されなければなりませんでした。

全てが上手くできるか心配なあまり、まるで私は起きている間ずっとサバティカルのことを考えていて、それを人に話しているようでした。私が不安になればなるほど、私の周りの誰もが不安になりました。

皆状況は分かってくれます。ただしばらくすると、言うべきことは全て言い尽くされますし、答えもまだ見つかりません。すでに話題になったことをただ繰り返し考えているだけで、それではあまり良くないことも明白です。

申請日が近づくにつれてイライラとプレッシャーを感じたので、私は自分に言い聞かせ、武術のスキルを働かせて考え事を単純に忘れようとしました。解決はいずれやってくるでしょう。自分の衝動をコントロールして、待たなければなりませんでした。真理はやってくると自分を納得させました。

すると当然のように、私が全く期待していない時に、勝手に答えは現れたのでした。

妻と私は、アディロンダック【訳注▽ニューヨーク州北東部の山地】の山道にハイキングに出かけていました。その時突然、どこからともなく、答えが私の前にパッと浮かびました。私はまさにその山道で妻にそれを話しました。二人ともそれが正しいと思い、承認委員会も賛成してくれて、数週間後に私のサバティカルが認められました。

生活の中のもっと小さな（ただ、しばしばもっと骨の折れる）やっかい事の全ては同じように解決します。例えば、数ヶ月続く家庭内の不協和を抱えているとします。あなたはその問題から逃れる方法を探そうとして自分を苦しめています。あなたは、その問題を解決するために何かをしようとします。たとえ心の中ではそんな解決は望んでいないと訴えていてもです。自分自身に耳を傾けず、なおさら惨めな気持ちにさせます。

そうしているうち、ある日、シャワーを浴びます。いわゆる自動操縦といわれる状態にあります。すると突然、どこからともなくパッと答えが浮かびます。看板のように大きく。あなたの全細胞も、それが正しい答えだと知っています。それを用いると上手く行くのです。

このパターンを受け入れます。そこから学びましょう。あらゆる時間の浪費と心の痛みから救ってくれるでしょう。答えが姿を現すまで、問題の解決策を見つけようと自らを叩いて鼓舞して過ごす無駄な日が減るでしょう。そしておそらく、待つことには理由があるはずです。待つ中で、（いろいろと）学びます。

人生は絶え間なく、あれこれと解決を求め続けます。ただそれでも落ち着いて衝動をコントロールし、積極的に待つのです。ジョギングやドライブに出かけたり、木を切ったり、音楽を聴いたり、皿を洗って片付けたり、床を掃除したり……、焦りを心からゆっくりと消すためなら何でもしましょう。

もし必要なら、実際に問題を処理するまで、あたかもすでに問題を処理したかのように行動してください。それはただ、問題を心から追い出すために、です。

注意深くいてください。解決策がいかに簡単にやってくるかに驚くでしょう。

待つことは簡単ではありませんが、時が満ちていない時に動くと隙だらけになり、達成からますます離れてしまうでしょう。判断したり正当化する必要はありません。まるで人生の隙間が現れるのを待てば全てが上手くいくかのように行動するだけだと、意識的に決心できます。

やることは、目標がはっきりするまで衝動が発露するのをコントロールすること、注意深く生きること、生を楽しむこと、そして正しい時を待つことです。真理は必ずやってきます。

瞑想 Meditation

あらゆる「場所」と、あらゆる「時」に目を向けよ。

——ダンテ・アリギエーリ（1265~1321）
イタリアの詩人・政治家

一番最近、自然に自発的に起こる準備ができる前に、何かを起こそうとした時のことを考えてください。もし待っていたら、その隙間はどのように姿を現したでしょうか？　待っている時間に、どんな建設的な（エナジーを培ったり、力を付けたりする）ことができたでしょうか？　目標が現れた時にそれを手に入れるようゆっくりと準備しておくために、どんなステップを踏めたでしょうか？

一番最近、待つことでよく知ることができた時を思い返してください。待っていて良かったことは何ですか？　積極的に待っている時に経験した段階を見きわめられますか？　どの段階でも、戦略は上手くいきましたか？

決意
Resolutions

☆今日、私は真理を受け入れます。

☆今日、私は真理を待つ時、注意深くいます。

☆今日、私は芯を感じてリラックスしています。

☆今日、私は自分には計画があって、その旅の準備をしているところだと信じます。

☆今日、私は真理が現れた時に、私が持っている道具でそれを手に入れられると自信を持ちます。

☆今日、私は真理を求める時につまずくことを許し、失敗から学ぶようにします。

☆今日、私は会話に心を弾ませ、真理に向けてよりよく今に留まることを実践します。

☆今日、私は真理を語ります。そして、時が満ちる前でも後でもなく、その時に語ります。

☆今日、私は真理を快く受け入れます。そして、真理は愛、平和、力、全ての源である神とつながっていることを忘れないようにします。そして、豊潤な強さと根付きを感じます。

☆今日、私は自分の見る（知る）ものに、感謝の気持ちを持ちます。

Intensifying Your Effort and Striking

Channel Your Energy

第7条

力を溜めて、放つ

エナジーを向けよ

柔よく剛を制す。

——三略
中国における代表的兵法書の一つ

あらゆる武術家は、自分の技の力を強める方法を見つけることに興味があります。そして同時に、その反動で怪我をしない方法もです。おそらく聞き覚えがあるでしょう。強さを求めて行動を起こしたり、ネガティブな反動を避けたいと思うのに、武術家である必要はありません。

武術において**「引き離す」**というのは、打撃を引っ込めることを言います。基本レベルでは、生徒はとにかく打ったらそれを引き戻すことを学びます。「そこに出しっぱなし」

にして相手の攻撃目標にならないためであり、また、必要なら再び打てるようにするためです。

武術の訓練の大部分は、エナジーの向け方を学ぶことです。ある段階で、引き離すことについての別の、おそらくあまり明示されていない理由を学びます。これは力を放つこと、より正確に言えば、**寸勁《すんけい》（cun jing）**として知られる近距離での爆発的な力を、エナジーの反動による傷害を避けながら目標に伝えることと関係します。

武術には、こういう誰もが望む能力の話があふれていますし、私たちはこの手の話を好みます。こうした話の一つに、ある武術の達人に関するものがあります。その達人は、一発の近距離の突きでもって、3フィート【訳注▽約90センチ】の高さに積み上げたレンガの真ん中の一つのレンガだけを破壊できました。それほど高度な力と正確さでエナジーを伝えられたのでしょう。

私の稽古仲間の数人は、この技法が演じられるのを見たことがあり、タネが仕掛けてあるようには見えなかったと断言していました。一方、私はこうした妙技を演じる人を今までに一度も見たことがありませんが、そこから示される素晴らしき探究の道に心が奪われました。

武術の世界以外にも、エナジー伝達の考えは支持されています。その良い例は、哲学者・神学者である故ジョーゼフ・キャンベルの教えにあります。彼は意識を頭（あるいは心）の中にあるものではなく、むしろ心によって方向付けされるものだと定義しました。「おそらく、意識とエナジーは同じものである」とキャンベルは言いました。

このように、私たちがエナジーを方向付ける時、意識を方向付けているのであり、その逆もまた然りです。

武術における寸勁を方向付ける、最も華やかで有名な例として、ブルース・リーの伝説的なワンインチ・パンチが脚光を浴びました。リーは、目標から1インチ【訳注▽約2・5センチ】以内の距離から放たれる衝撃的な力でもって、観客の目を眩ませました。その目標は木であろうと人であろうと同じでした。当然、武術を研究しているほとんど誰もが、ブルース・リーがどうやってそれをやったのかを知りたいと思います。

その技法のメカニズムを示すために、私の先生は、電話帳を何冊か集めてきて、そのうちの3冊を私に手渡しました。「これはあなたを護るためのものです」と先生は言いました。

先生は私に、電話帳を盾のようにして腹のところに平らに当てて抱えるように言いました。

「怪我はしません。電話帳が衝撃のほとんどを吸収してくれます」と先生は私に請け合いました。

すると先生は、1インチも離れていないところから素早い突きを放ち、当たった後、ほとんど間を置かずにそれを引っ込めました。一瞬の間、私は突きに推される感覚しか抱きませんでした……がその後、ゴルフボール大のエナジーの不思議なうねりが、私の腹を通過していきました。それは奇妙な感じでした。それはまるで、今にも私の中にあるエナジーの塊が爆発して痛みに変わるかのように感じられました。しかしそうはなりませんでした。それ以上に、どこにもその痕跡は残りませんでした。それはまるで、エナジーが私の中に入り込み、私の身体をまっすぐに突き抜けていったかのようでした。

その後、先生は、私が感じたのは先生のエナジーが私を通過して伝わったものであり、もし私がその一部を吸収するための電話帳を持っていなかったら、重傷を負っていただろうと説明しました。この種の打撃は、人体をまっすぐに通過するので、直接接触した場所にはほとんどダメージを与えず、その人自体を動かすこともほとんどありませんが、背中側【訳注▽当たった場所の反対側、裏側】にあざを残すことがあります。

「この技法を行うには、三つの鍵となる要素があります」と先生は続けました。「まず、リラックスすること。次に、全身（の力）を打撃に集めること。最後に、二つのスピード、**前への推しと引きのスピードを高める**必要があります。**両方とも**同じぐらい重要です」

先生は、ヘビーバッグに対して、次にコンクリートブロックの壁に対して、その突きを示して見せました。私は、先生が手に何らダメージを受けずにコンクリートブロックをかなり強く打てることに、驚きました。もし私が同じ壁を打ったら、10分の1のスピードでも、ほぼ拳を壊していたでしょう。と言うのも、私は前には推せますが、引くことができなかったからです。

もっと素早く引くことで、私は目標により多くのエナジーを伝えられたでしょうが、反動で自分に返ってくる自身のエナジーによる痛みから免れることは、まだできなかったでしょう。

私たち生徒は、まずゆったりとしたままでいる練習から始め、打撃を放つ前には、リラックスして芯を感じる技法を全てかき集めて用いました。この短い距離で力を生み出そうとする時、硬くては全く駄目です。柔らかいままでいればいるほど、ますます筋肉の緊張が解け、ますます速く動けます。

私たちは、求めている力を生み出すために、どのようにして気を凝縮し方向付けるかを学ぶ必要がありました。

これは複雑そうに聞こえますが、そうではありません。私たちは、基本の格言である**「心が向かうところに気は向かう」**にしたがって、気が呼吸と同期して動くイメージをすることで、気を方向付ける練習をしました。

吸う息とともに、四肢から身体の中心に向かって気を引き込み、どんどん小さい場所に気を固く凝縮させるイメージをしました（ルーペによって一点に絞り込まれた日光のような感じです）。次に吐く息とともに、その集中した気を腕や手、足や脚に向けて戻しました。気の流れを方向付けるのに呼吸と心を用いるこの技法は、力の発生をかなり強めました。

少しずつですが、柔らかく集中したままで、技を行うために気を必要とする身体箇所にエナジーを向けて力を溜め、力強くかつ自分が傷つかないように打撃を引っ込める方法が身に付いてきました。


誰もが時に、エナジーを向ける必要があります。仕事を完了させるための締め切りは、大抵いつも相当の努力を要求します。そんなに前のことではないですが、私はある会議で発表する論文について最後の編集を終えようとしていた時、突然コンピュータが壊れました。直そうとあれこれ試みましたが、作業していた原稿が回復不可能なことを、私は徐々に悟りました。

信じられませんでした。文章は40ページ以上の長さであり、ほぼ一週間の作業をバックアップしていませんでした。最近出力したハードコピーもありませんでした。いうまでもなく、私はパニックになり始めました。私は、払い戻しができない航空券……回復不能な文章のことを考えました。私の思考は、コンピュータソフトの解決不能な故障への不満から発表のためにすることまで駆け巡りました。発表まで24時間を切っていました。

腹が立ってきて、次に恐ろしくなり、このように興奮した状態で30分ぐらい無駄にしました。私は、感じたままに感じるようにしました。ただ、ギアを変えなければならないことは分かっていました。このままでは埒《らち》があきませんし、時間を失っていきました。

数回深呼吸をして、事態は素晴らしいわけではないけれど最初に思ったほど悲惨ではないと、自分に言い聞かせました。色んな種類の緊張が筋肉や心に入り込んでいます。それはスピードを鈍らせ、動きを制限します。

オフィスのどこかに、その週に書いた大半の手書き草案があることを、私は思い出しました。それは、失った文章の再構成に向けた良いスタートになりました。落ち着いて状況に向き合うほど、解決策が形《かたち》になって現れ始めました。その結果、ますますリラックスでき、効果は相乗的でした。

そして、人生において差し迫って力が必要な他の多くの時と同じように、とにもかくにも全て上手くいくだろうと自分に言い聞かせました。論文を二度取り組む機会を得たと考えれば、さらに良い内容となるでしょう。

できる限り多くのエナジーを呼び込んで凝縮し、清らかでポジティブなエナジーの流れを必要とするところに向けて、文字を再入力する仕事を続けました。加えて、これをやり終えた暁には、仕事から即座に切り替えて、妻と一緒に素晴らしいレストランへディナーに出かける（その時間が何時であっても）と、自分に約束しました。それは、エナジーの強力な消費から引き離れる私のやり方でした。

引き離れるための戦略はたくさんあります。身体的に、言語的に、状況的に、感情的に、スピリチュアルに、などです。どれを選ぶかは、状況によって決まります。ただ概念が意味しているように、**引き離しがなければ多くのエナジーは生み出せません。**それに反動のリスクが大きすぎます。

私に関しては、論文を書き直したので、実際その改訂版の方がより良いものになったと信じたいです。その晩、妻と私は素晴らしく満足のいくディナーを食べました。私は気分が良く、切り替えによって魂が軽くなり、行う予定の発表に対する興奮がよみがえりました。翌日に目を覚ますと、回復して葛藤から解放された気分でした。

人生は、素早く強い力が必要な状況で満ちています。あなたは力強くそれらに取り組み、返ってくるかもしれない反動の回避方法を学べます。リラックスして注意を高め、その瞬間にいましょう。力を溜め、エナジーを向けましょう。打ったら引くことを忘れないでください。

瞑想 Meditation

まずは心で見て、次に目で見て、最後に身体で見よ。

——柳生宗矩（1571～1646）
江戸時代初期の剣術家

この瞑想は、寸勁を放って引き戻す各段階を経験し（感じ）、整合させるよう構成されています。実際の日々の実践ではエナジー生成と伝達過程は内的でしょうから、外的な動きは全く必要としません。

重要なのは、エナジーと呼吸への集中を日常生活に持ち込み、効果的にダイナミックに生きることです。

先に各段階を読み通して、基本的な理解を得てください。それから試してみましょう。

実践することです。各ポーズを通して滑らかに身体を動かせるまでには、何回も練習が必要かもしれません。集中はとても重要です。というのも、気が逸れることがたくさんあるからです。それには自意識も含まれます。いずれにせよ、安定した集中を維持しましょう。

注意◎この瞑想は立って行ってください。

第1段階

◎青……「リラックスせよ」

両腕を体側《たいそく》にゆったり垂らして、自然に立ってください。右足を前に（約12インチ【訳注▽約30センチ】）出して、エナジーを下に沈ませます。同時に膝を少し曲げましょう。直径3フィート【訳注▽約90センチ】くらいの広さの円の真ん中に立っているのをイメージしてください。円の中は落ち着いた青色をしていると想像してください。

芯を感じましょう。ゆっくりと滑らかに呼吸をしてください。鼻から吸って口から吐きます。リラックスしたら、小気味良く10を数えるまでもっと深く呼吸をしましょう。もし10を数えるのがかなり大変なら、できるまでは5やそれ以下で試してください。

呼吸を下丹田に送ってください。また10を数えるまで息をそこで溜めて、それからゆっくり吐いてください。

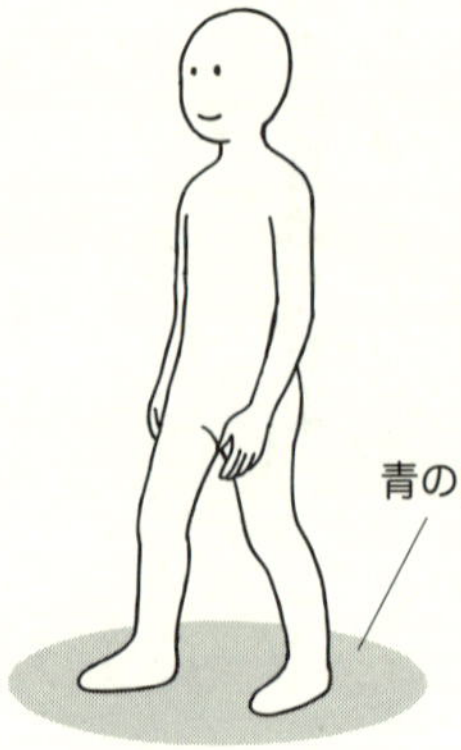

第2段階

◎緑……「エナジーを集めよ」

深い呼吸を続けます。左足を使って二歩前に進んでください。二歩とも右足は前のままにしておきます【訳注▽いわゆる「継ぎ足」のこと】。改めてエナジーを下に沈め、第1段階と同じ歩幅を取ってください。

第1段階と同じぐらいの円の真ん中に自分が立っているイメージをしてください。ただし、この時は円を緑色にします。

そうしたら、吸気とともに四肢全部から気を寄せ集めるイメージをしましょう。それを下丹田に集めてください。

第3段階

◎黄……「エナジーを凝縮せよ」

深い呼吸を続けます。（右足は前のまま）前に進んで別の円に移ってください。この時は黄色の円になります。

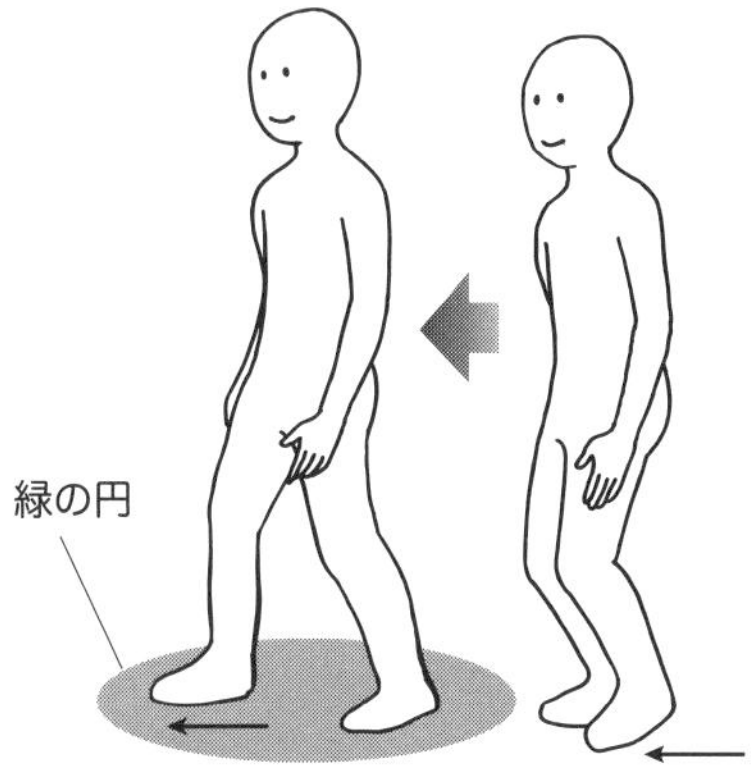

息を吸うごとに体中の全ての細胞からエナジーを寄せ集め、それを下に沈めてください。

　気をどんどん小さな空間に凝縮し蓄積していって、呼吸の度にその空間をますます圧縮するイメージをしてください。多くの気を吸い込み圧縮するにつれて、エナジーが増強するのを感じましょう。

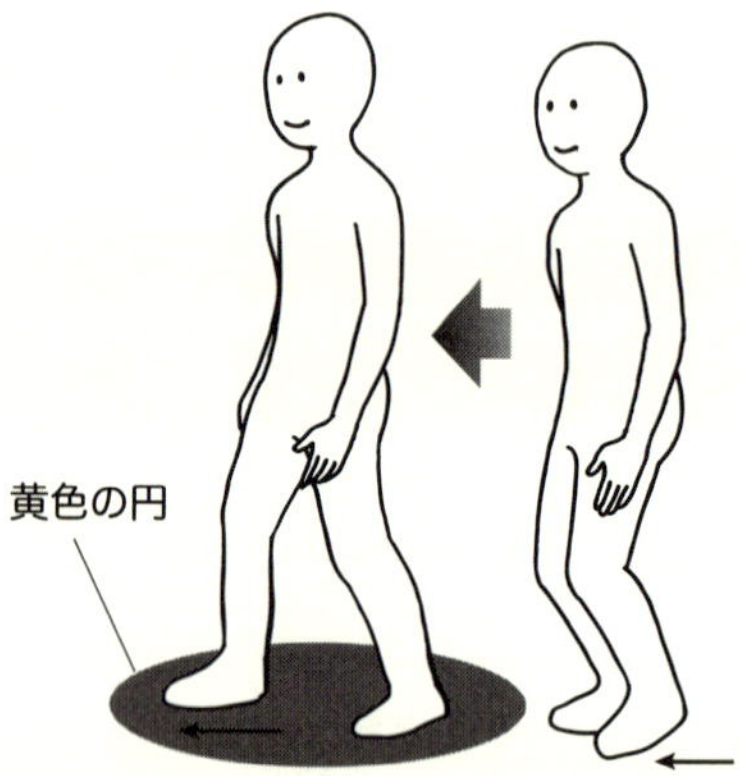

第4段階

◎赤……「エナジーを向けよ」

　深い呼吸を続けます。前に進み、これまでと全く同じ姿勢を保って、最後の円に入ってください。その円は明るい赤です。あなたのエナジーは充満しているでしょう。

　これまで培ったエナジーを解放することを意識して、この場所に入ってください。

　もう一度気を凝縮します。全身から、大地から、天から気を寄せ集め、最大限に気を凝縮してください。

　そうしたら、呼気とともに、右手の外側の下の方【訳注▽手刀の手首に近い部分。掌底の小指側・手刀側の部分】に気を向けて、前腕が水面に浮かんでいるかのように、滑らかに楽に、右手を前にゆっくりと伸ばしてください（手のひらは開きます）。手のひらの下の角《かど》の辺りの、50セント硬貨【訳

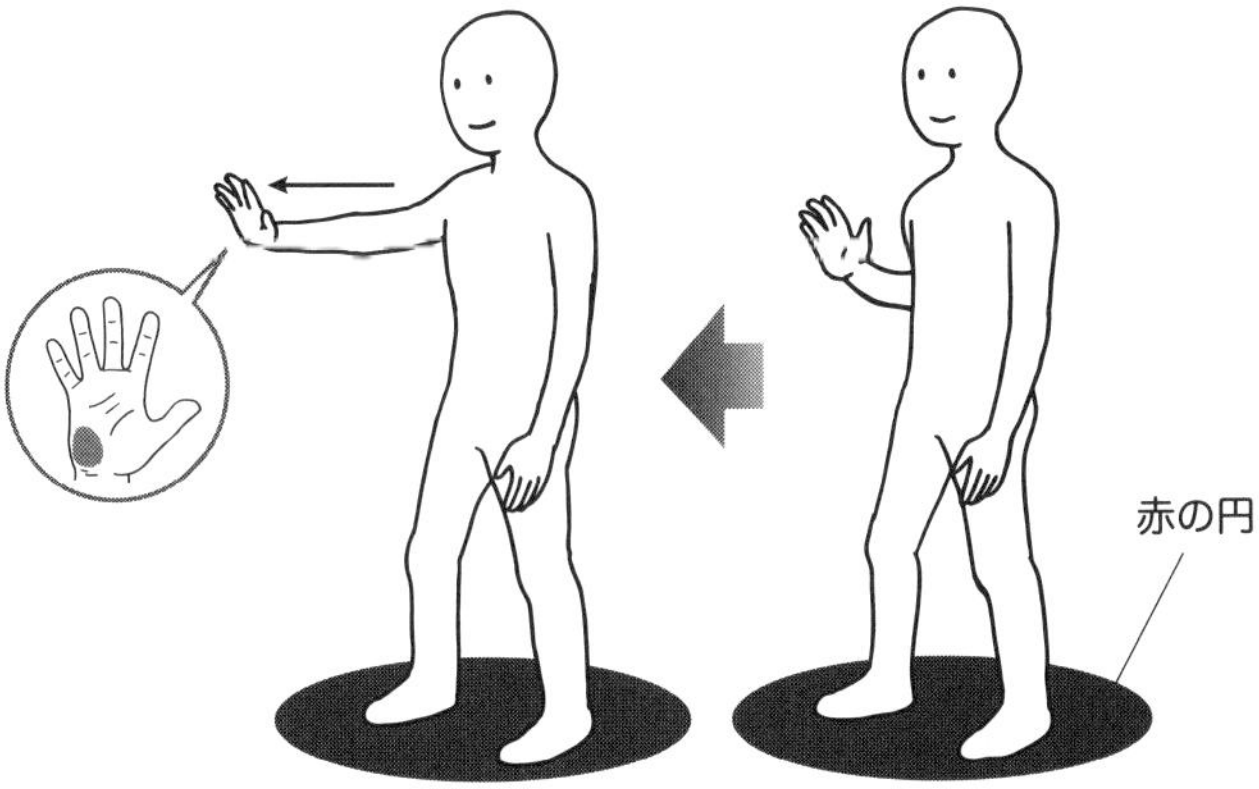

注▽直径約3センチ。500円硬貨よりやや大きい】くらいの大きさの場所へと、集中した気を流し込むように感じましょう。エナジーの全てをそこに向けてください。

腕に思い切り力を入れてはいけません。

一歩前ぐらいに壁があるのをイメージしてください。掌底（エナジーを向けた部分）が最初に壁に接したところで止めます。

第5段階

◎赤→黄→緑→青と、逆のサイクルで行う

ゆったり呼吸をしてください。気を凝縮するのを止めて、前腕をゆっくり引き戻してください。瞑想開始時の静かに集中している状態へと、**心の中で**（色の円を辿って）戻っていきます。

全てが協調している状態を保ちましょう。腕が再び体側に戻った時には、再び青い円をイ

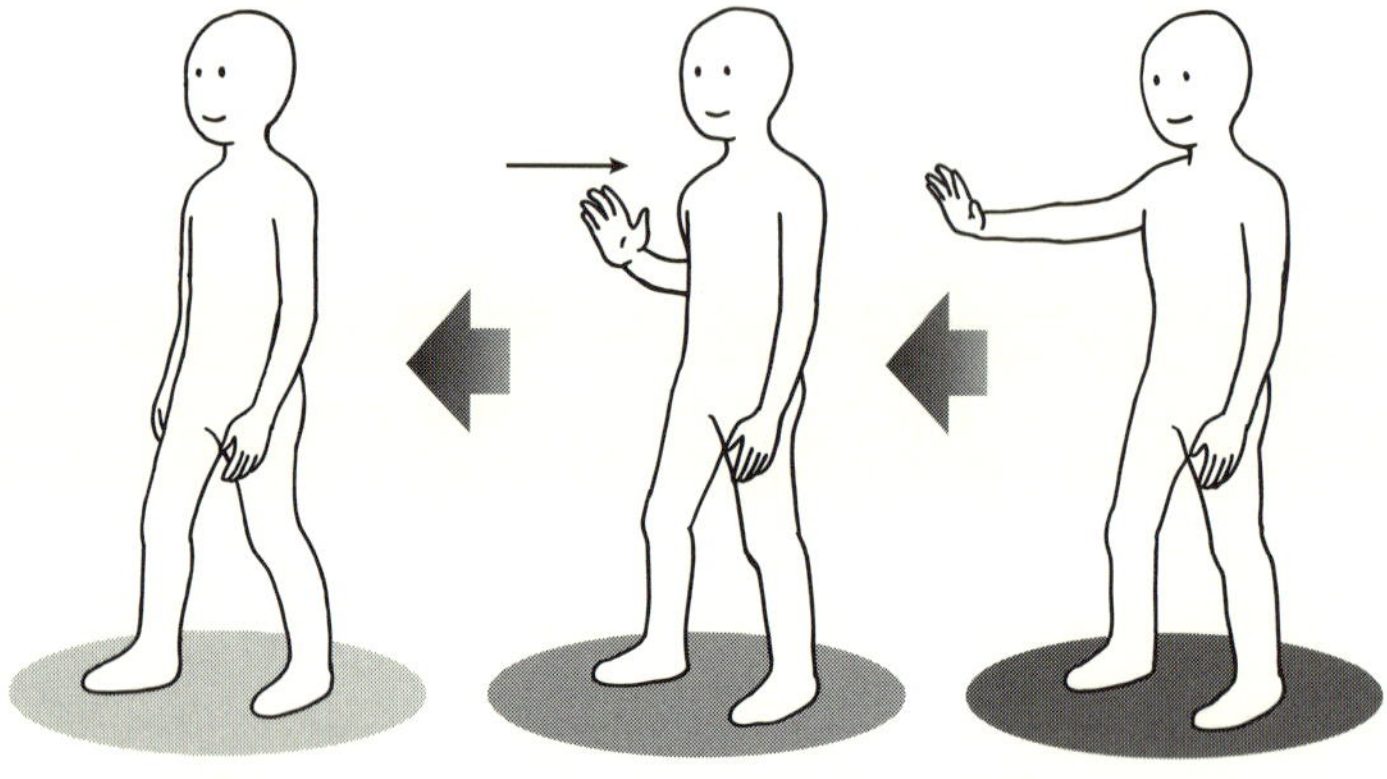

メージします。

ずっと赤いゾーン（力を込めている瞬間）にはいられないことを忘れないでください。青（リラックスした姿勢）に戻らなければいけません。それが陰陽のサイクルです。

この瞑想を数回繰り返してください。青から赤へと、より少ない呼吸数で移るようにしてみてください。

上級バージョン

じっと動かずに立って、青から緑、黄、赤へと変化する円の色をイメージします。

第1段階から第5段階（引き離し）まで、一瞬でいくようにしてください。

まるで壁に向かって近い距離でサッカーボールを蹴って戻ってくるように、エナジーの移動が感じられるでしょう。腕を伸ばしすぎないように気を付けてください。

さらなる上級バージョン

色を使わないで、このサイクルを練ってみてください。

決意

Resolutions

☆今日、私はストレスフルな状況でもリラックスします。

☆今日、私は何に反応すべきかを選ぶ時、正確さを期します。

☆今日、私は目的達成のためにエナジーを凝縮し、特に必要なところにそのエナジーを向けます。

☆今日、私は反動を最小限に抑え、エナジーを放出した後に引き離れて静まるようにします。

Feeling the Rhythm

Respond Appropriately

第8条

リズムを感じる

適切に反応せよ

日常の出来事があなたを束縛するのを許してはいけない。
けれども、決してそれらから逃げ出してはいけない。
ただ実行する。そうすることであなたは、
「解放された人」という称号を得られる。

——黄檗希運（生年不詳～850）
中国唐代の禅僧

あらゆる武術は、良いリズムが状況に適切に反応する基本であることを強調します。内的なリズムや他者のリズムに対する高い感受性を養うことは、道場と同じく日常生活に好機をもたらすでしょう。

第8条

リズムを感じる Feeling the Rhythm

——適切に反応せよ Respond Appropriately

定義的には、**リズム**とはパターンを意味します。人生はパターンの連続です。したがって、生活は全てリズミカルです。良いリズムによって周囲にいる他者の動きと協調することで、成し遂げようとすることに向けて自然かつ効率的に動けます。良いリズムは人生の好機を生んでそれを活かし、同時に、傷つく可能性から護ってくれます。

リズムエクササイズは、私の武術稽古に欠かせないものになりました。その練習の一つが**フバッド（hubad）**と呼ばれる、二人一組になって腕と腕で行うエクササイズです。これは一方がある特定の打撃をし、もう一方はそれを受けて、払い（もう一方の手で受け換え）、その払った腕で同じ打撃を返すもの

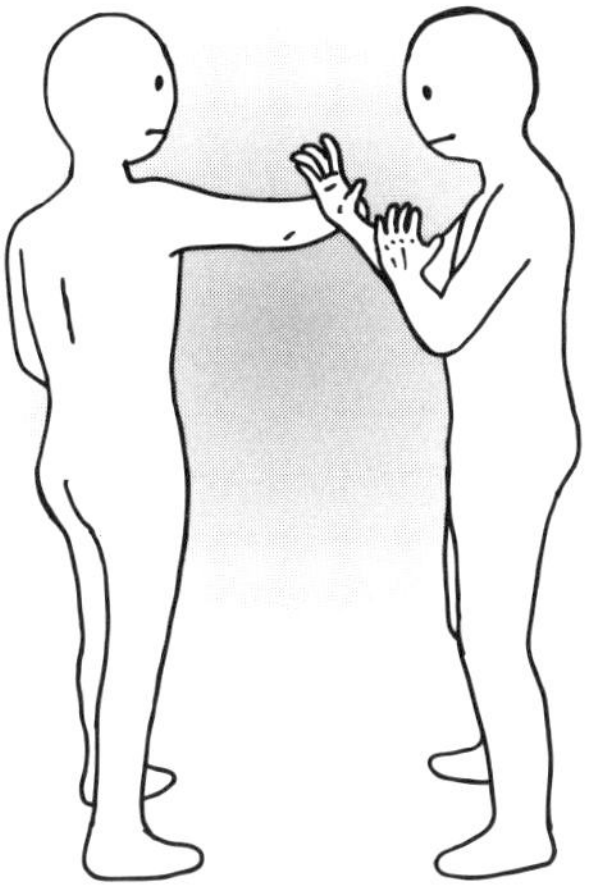

フバッド
打撃を受けて払って、同じ打撃を返す。それを互いに繰り返すエクササイズ。

です。順繰りに、今度は先に打撃をした人が受けて払って打つという同じパターンで反応します。

重要なのは、自身のリズムと同時に、相手のリズムにも合わせることです。いつリズムが似ていて、いつリズムが違っているか、そしてあなたがいつどのようにリズムを変えられるかです。そんなに難しいことではありません。基本的なパターンは、「1（受ける）」「2（払う）」「3（突く）」という動きに基づきます。先生は、私たちを集中し続けさせるために、動きの一つ一つを通して指導しながら一定の拍子でよく指を鳴らしました。

一旦リズムが分かると、見なくてもこの練習をできました。実際、しばらくすると私たちは目を閉じて稽古しました。すると、動きや直観の調和に対して、さらに感受性が増しました。

稽古は実りました。しばらくすると私は、経験の少ない相手とも合わせることができました。ただ、ずっと経験のある相手とは、受けたり合わせたりすることがまだできませんでした。経験もその原因の一つでしたが、理由は他にもありました。

適切に反応するために、**いつ欲しいものを得るべきか**を知らなければなりません。武術では、これを**タイミング**として理解されます。さらに、いつ打撃を加えるべきかを知るには、好機を見つけなければなりません。

好機を生むにはいくつかの方法があります。基本的な方法は、ただ注意を払ってパターンを掴むことです。

私たちは皆、パターンを持っています。身体的にも、感情的にも、スピリチュアルにも、です。おそらくこんな人を知っているでしょう。口論をする前のパターンとして、押し黙り、次に距離を取って、突如反応する人です。概念的に見れば、この種の動きは道場で見かけるものとそんなに違いません。このようなパターンを掴むことは、葛藤が起こる前にかわす手助けとなり得ます。

ただ、用心はしなければいけません。例えば、フバッドは三つの動きに基づいていますが、同じ動きを非常に様々な拍子で行うことができます。相手はたやすく、三つの動き全てを二拍子で行えるでしょう。つまり例えば、受けと払いを「1」の拍で同時に行い、次いで「2」の拍で突けます。ですから適切に反応するには、注意深く見ていなければなりません。一旦パターンを理解してもそれだけではなく、**拍子の間に隙間を見つけ、打撃を滑り込ませるようにすべきです。**

相手のリズムを崩すあらゆること（フェイント、違うリズム、打撃など）が、好機を生んだり、すでにある好機を広げます。相手は基本的に集中力を失います。相手が集中を取り戻す前に入り込むのです。

こうしたアプローチを用いる最善の時は、相手が体勢を直している時、引き離れようとしている時、あるいは、攻撃しようとしている時だと発見するでしょう。こうした時、相手は行為に専心しています。つまり、意図する方向に動こうとすると、相手は自分がしていることを再評価するために一瞬止まります。これが、あなたの反応する間《ま》を生み出し、あなたを有利にするわけです。

現実生活か道場かに関わらず、もし物事の進む方向があなたにとって好ましくなければ、ただそのゲーム【訳注▽以下、この章での「ゲーム」とは、他者とのコミュニケーションのことを指す】のリズムを変えて、適切に反応する間《ま》を生み出すまで、つまり、あなたに有利になるまでリズムを変え続けるのです。

これに関するよく知られた例は、都会生活での護身術として教わります。例えば、もし誰かがあなたにつかみかかろうとしていたら、その暴漢に向かって投げられるものなら何でも（岩でも）投げて驚かせて、「取って！」と叫んでください。暴漢の注意がその物体に逸れた瞬間、あなたは動くためのわずかな光明を得られるでしょう。

別の例として、しばらく前に起こったことですが、それは私が、常に他人をこき下ろしてばかりの人と仕事をした時でした。私たちはあるプロジェクトの仕事をするはずだったのですが、彼は私のよく知っている人のことを口悪く言い始めました。私は彼のパターンが分かっていました。彼はまず、人物Xの最近のことから始まります。次に彼の悪口は上司へと移り、まもなく組織全体へと向かうのでした。最後に、彼はある事件を思い出すのでした。それは、数年前に起こったことで、その組織全体との関係が最初に険悪となった出来事でした。

私は彼の暴言の中の間《ま》を待って、デコイ（囮《おとり》）を投入することにしました。彼が共著になっている本について、さりげなく尋ねたのです。彼の顔の表情は、重いものから軽いものへと変化しました。彼は餌に引っかかり、その本のことばかりでなく、その本の数章のために行った調査についても、私に話し始めました。彼が自身のことを話して好ましい心の状態になるのに、時間はかかりませんでした。この時点で私たちは、割り当てられているプロジェクトの話に再び戻って続けることができました。

繰り返しますが、**「もし物事の進む方向があなたにとって好ましくなければ、そのゲームのリズムをただ変える」**ことです。**これは、私のお気に入りのアンセム【訳注▽「聖歌」**

の意から転じて「賛歌」「応援歌」の意】の一つです。

相手のリズムを探り当て、しばしばそれを変えることは重要ですが、あなた自身のリズムを見えにくくしたり多彩にすることも、有利になると覚えておいてください。それによって、相手はあなたの行為を妨げたり自分のために好機を作り出すことがかなり難しくなるでしょう。

ごく最近、何人かの同僚と私は、北の方の会議センターで、あるワークショッププログラムを企画していました。ワークショップの数週間前、そこのセンター長が電話してきて、「当局の指導で、ワークショップ開催中の五日間のうちの一日、観覧しなければならない」と私に告げました。さらに、「プログラムの評価を求められている」と言いました。

「私としては、時間が許せばなるべくさっさとその仕事を片付けたいだけなので」とも彼は言いました。彼は横柄なタイプではなかったのですが、この依頼を済ませようと急いでいることは確かでした。

彼の電話に驚きましたが、その時私が思い付いて言えたことは、「もちろん、喜んでお待ちしております」でした。

ただ、彼は私たちのプログラムの詳細に不案内であり、それは、評価に対する彼の態度と相まって、公正を欠くように思えました。彼が私たちの目的の概要を前もって知らずに、たった一回の訪問でどれぐらいちゃんと評価できるのか見当が付きませんでした。

同僚と私は、彼と仕事上良好な関係を持ちたかったのですが、ただ、そのセンターで将来的に関わるイベントをやりやすくするために、ポジティブかつ十分な評価も必要でした。

その時、私はおそらく良い評価を得られるアイディアが浮かびました。**さらに、今後も彼が私たちとともに、私たちのために仕事をしてくれるだろうというアイディアです。**

彼は相手と距離を取ることを好み、電話と次の行動との間に隙間を残しました。そこで善は急げとその好機を使って、彼にとって最も好ましくない不快なゾーンである「親しく近づく」方法で、軽く話しかけることにしました。

彼が私たちのところに再びやってくるより先に、電子メールをするっと忍び込ませることで、彼のパターンを破りました。私のメールの調子はフォーマルですが直接的であり、ワークショップの初日に彼を招待し、歓待するための特別な時間とワークショップを用意しました。同時にこれらはプログラム企画を十分に表しており、彼が正しく評価するために必要なものを提供することになっていました。

続いて、プログラムについてざっくばらんに話をするために、先んじて時間を取ってお会いしたいという希望を示し、ゲームのパターンと調子を変えました。これによって私と同僚は、プログラムの目的と戦略と方法の概要を彼に伝えざるをえない時間を得ます。

私の電子メールは、彼の必要とするもの（距離）を与えた点で戦略的でした。私が変えたのはパターンだけでなく、タイミングとスピードだったのです。私はすばやく返事をしなければならない必要性を創り出し、彼はそれを送ってきました。彼の答えは感じ良く、好ましいものでした。彼は「フォーマルな招待」（彼の言葉です）に対して私たちに謝意を述べ、私たちが提案した日にプログラムに**喜んで参加すると言ってきました。**

それから彼は変わり（彼の側で優れた武の術が作動します）、私たち（私と同僚と彼）が行う共同事業の将来的な利益に関して、とても上機嫌で愛想の良い調子になりました。この新しいリズムが励みとなったので、私は彼と（調和しながら）一緒にいて、同じように反応しました。

道場であろうと仕事仲間といる日常的な状況の真っ最中であろうと、状況のリズムを感じることは、適切に反応する手助けとなるでしょう。

良いリズムは、精神的にも身体的にも、あなたの動きから過剰な歪みを取り除くでしょう。目標に向かう際に、他者にいつどのように近づくべきかが分かるでしょう。成功への自信と機会が増すでしょう。人と協力する方法を知ったことで、人は協力的だと感じるでしょう。良いことがたくさん訪れるでしょう。

相手のリズムを掴み、好機を探し（生み）、ここぞという時に動いてください。そしてパターンを変えて、返ってくるかもしれないあらゆる反撃を避けてください。

瞑想

Meditation

あなたは身体ではないし、脳でもない、
ましてや精神でもない。
あなたは魂である。
しなければならないのは、記憶をもう一度呼び覚ますことだ。
思い出すために。

——ブライアン・ワイス（1944〜）
アメリカ合衆国の精神科医

定期的に話す誰か、日常の仕事で一定の役割を担っている誰かのことを考えてください。その人物との関係はどんなものでも（フォーマルでも、インフォーマルでも、親しくても、リラックスしていても、緊張していても、その他何でも）構いません。

典型的な会話をイメージしてください。この人のパターン（この人は何を話すのが好きなのか、どのように話題が移るのか）と一緒に、タイミング（いつ話題を変えるのか）やスピード（どのくらい速く会話を進めるのか）を掴んでください。

こうして全てイメージしながら、あるパターンの始まりと終わりを告げるその相手のボディ・ランゲージの癖を見極めてください。例えば相手は、一瞬視線を逸らしたり、止まったり、足を組み替えたり、何かを飲んだり食べたりしませんか？

話しぶりからもパターンが分かることがあります。その人の言葉は感情的になったり、個人的になったり、あるいはひょっとして客観的になって距離を置いたりしますか？ 時に話しぶりは、速くなったり遅くなったりします。

気分もまた、手がかりとして機能することがあります。その人は関心がなさそうですか？ それともますます関心を高めていますか？

こうした細かいところに注意を払えば、相手の動きに先んじてリズムに気が付き、相手が動き始める前に相手を逸らしたり（止めたり）、促したり（相手が願っていることを行ったり）できます。

相手のパターンが上手く掴めたら、会話に入る好機を探してください。力まず自然な動きになるよう、入るタイミングとスピードを考えましょう。

この最後のステップをもう一度イメージして、会話に入り込む前に、違うタイミングやスピードを用いたり拍子を飛ばしたりして、好機を増やしたり広げられるか確かめましょう。

次に、相手のリズムに入り込み、（フォーマルからインフォーマルへとか、重たい感じから軽い感じへとか、親しい感じから距離を置いた感じへとか）調子を変えて相手を変化させるイメージをしてください。これがあなたの目的にどのような利点をもたらすかを考えてください。一旦好ましい方へ向いたら、ギアを入れ替えます。調和を保ってください。

相手のパターンを再度変えようとは思わないかもしれません。実際、その人があなたの生活に入り込む機会を大きくすることで相手のパターンを育み、あなたはそれに喜びを見出すかもしれません。リズムを受け入れ、同じように返してあげます。そうした種に水をやりましょう。そこから芽吹く愛に大いに喜びを感じるでしょう。

あなたが出会う様々な人について、一日を通してこのスキルをゆっくり実践してください。どのくらい自由に会話に出入りできるか、どのくらい上手く目標へと会話を方向付けられるかを確かめてください。

上級バージョン

もし誰かが、あなたの行きたくないところへ導こうとしていると感じたら、その人のパターンを掴んで、コントロールされる前に止めましょう。ここでのステップも同じです。

・パターンを掴む。
・リズムに入るための好機を探す。
・自身のリズムに変えるように反応する。

異なるスピードや調子に変えて、物事が進んで欲しい方向へ舵を操ってください。また、相手のパターンが始まる前に、先に示した転換法を試すこともできるでしょう。

もう一つのやり方は、あなた自身のパターンがすでに変えられてしまっている関係の中にあえて入り込んで、その変化を維持することです。そして好機が現れるのを待ち、そこから好ましいところへ流れを導きます。

決意

Resolutions

☆今日、私は人生に現れる人を心に留め、彼らが望む方へ向かうために為す様々なリズムがあることを忘れないようにします。

☆今日、私は他者のリズムに現れる好機を見逃さないようにします。そして、適切に反応するためにそのパターンを用います。

☆今日、私は葛藤している相手のリズムに入り込む機会を探し、より平和的なパターンになるようそのリズムを変えます。

☆今日、私は懇意にしている相手のリズムに自分を解放する機会を探し、心安らかに相手がより近くなるよう招き、お互いが幸せになる喜びに浸ります。

☆今日、私は自分の喜びのリズムに従います。

Finding Your Range

Expand Your Comfort Zones

第9条

レンジを見つける

快適なゾーンを広げよ

道《タオ》に達した人は……
火傷をせずに、火の中に飛び込むことができる。
まるで虚の上を歩くかのように、実の上を歩くことができ、
まるで実の上を旅するかのように、虚の上を旅することができる。
彼らはどこにいようとも、くつろぐことができる。

——屠隆（1543～1605）
中国明代の戯曲作家

武術において、レンジ（範囲）という単語は、あなたと相手との間の距離を指します。レンジは主に四つあります。それは、（蹴りの長さによって決まる）蹴りのレンジ、

（突きの長さによって決まる）突きのレンジ、（腕を掴めるぐらい近く、つま先とつま先が付くほど接近した）手繰りのレンジ、そして（テイクダウンできるぐらい近く、身体と身体が触れるほど接近した）組み打ちのレンジです。

稽古をしている大半の人は、自分の最善のレンジを見つけて、その中で優勢を保とうと試みます。ただそのうち、あるレンジから別のレンジへと応変に移れると、道場で非常に有利であり自由になれることが分かります。それは術者としての、状況ごとの適応性であり、予測不可能性です。このように、最も重要な目標の一つは、あらゆるレンジに習熟することです。

道場の内でも外でも、ある人は周りの人に近づいたり、ある人は距離を取るのを好んだり、またある人はその間のどこかに居場所を見つけるものです。これらは、その人が最も心地良いと思えるレンジなわけです。

そうした個々人に対する反応は、自己発見の機会になります。それらは自身の生活レンジに関して、特に自分が最も機能できるレンジと最も機能できないレンジに関して、多くのことを教えてくれます。

さらに、それらは別のレンジにも習熟しようとする場合に、有益な情報を与えてくれます。これは重要なことです。なぜなら、別のレンジに習熟すると、自身の快適なゾーンを広げるからです。そこでは、動いたり考えたりする際により自由を感じるでしょう。結果として、他者にも同じような自由を許すようになるでしょう。より多くのことを成し遂げるでしょう。そしてより幸せな人間となるでしょう。

武術のレンジは、五つの動物の動きに基づいています。人は鶴のように、長くて広い範囲を飛んで捕まらないスピードを持っています。鶴は十分な距離を保つことを好むけれども、一瞬のうちに目標に向かって優雅にサッと舞い降りることもできます。また、虎のように精力的で、生々しく、接近して、凝縮した力を持っています。蛇のような滑らかさも持っていますし、豹のような俊敏さも持っています。そして最後に龍です。龍の特徴は、別枠でいくつか示します。

あなたの快適なゾーンを広げる道は、発見の道です。初心者の大半は、複数のレンジの内の一つに元々やりやすさ（特性）を持っていて、その空間内で活動することに心地良さを感じることに気付きます。

他の多くの生徒と同じように私も、逃れることのできる最大の距離（言い換えれば蹴りのレンジかそれ以上）に身を置く時に、最もリラックスしていました。

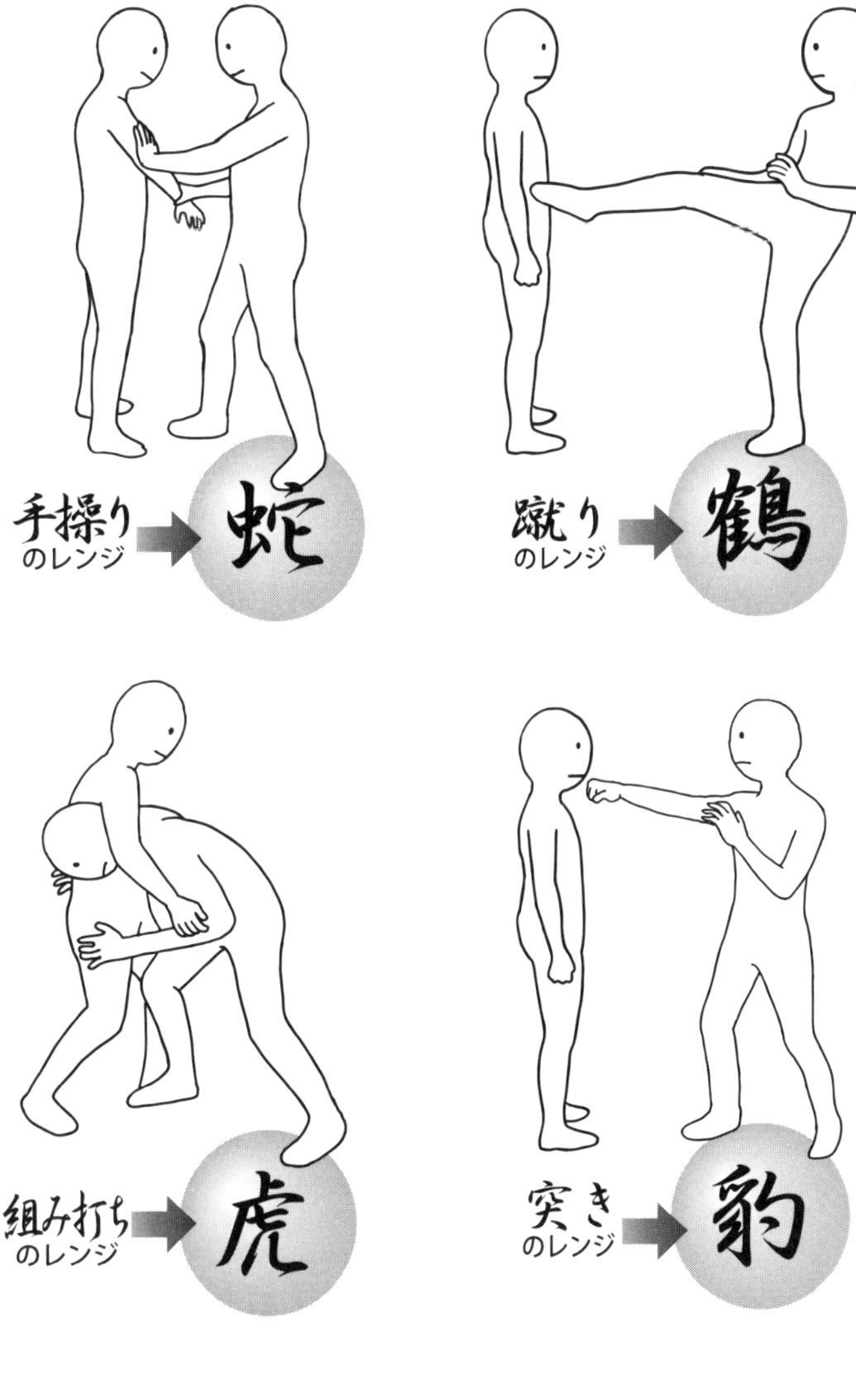
手操りのレンジ
蛇
蹴りのレンジ
鶴
組み打ちのレンジ
虎
突きのレンジ
豹

しかし先生は私たちに目を光らせていました。先生は、稽古中のレンジがどんなものであれ、そこに居続けるよう求め始めました。そのレンジが自分にとって好ましいかどうかに拘わらずにです。そのため、遠くに離れすぎるのは難しくなりました。

私たちのすることは、自分の最善のレンジを発見することでしたが、別のレンジでも同じぐらいスキルフルになり、必要に応じてレンジを変えることも、また同時に重要でした。特性こそが全てでした。私たち生徒の中でも距離を保ちたい人は、自分を活かすためにスピードとフットワークを鍛えなければなりませんでした。捕まらないこと、素早く動くことを学びました。そして、好機がきたら一発の蹴りか突きに全てを込める方法を見つけました。

接近したい人は、より速い手の動きを鍛えなければなりませんでした。相手の腕を手繰り、エナジーの向きを変えることを学びました。**一発の打撃に全てを込めることに抗い、次の打撃に備えてエナジーを取っておく方法を見つける**必要がありました。

最善のレンジとは何でしょうか？　答えは、アジアの偉大なる龍の極意として知られる、古武術の真理に示されています。龍は実際、武術が基づく他の動物全てを組み合わせたものです。龍は、長いレンジと短いレンジの両方で、またその間の全てのレンジでも活動で

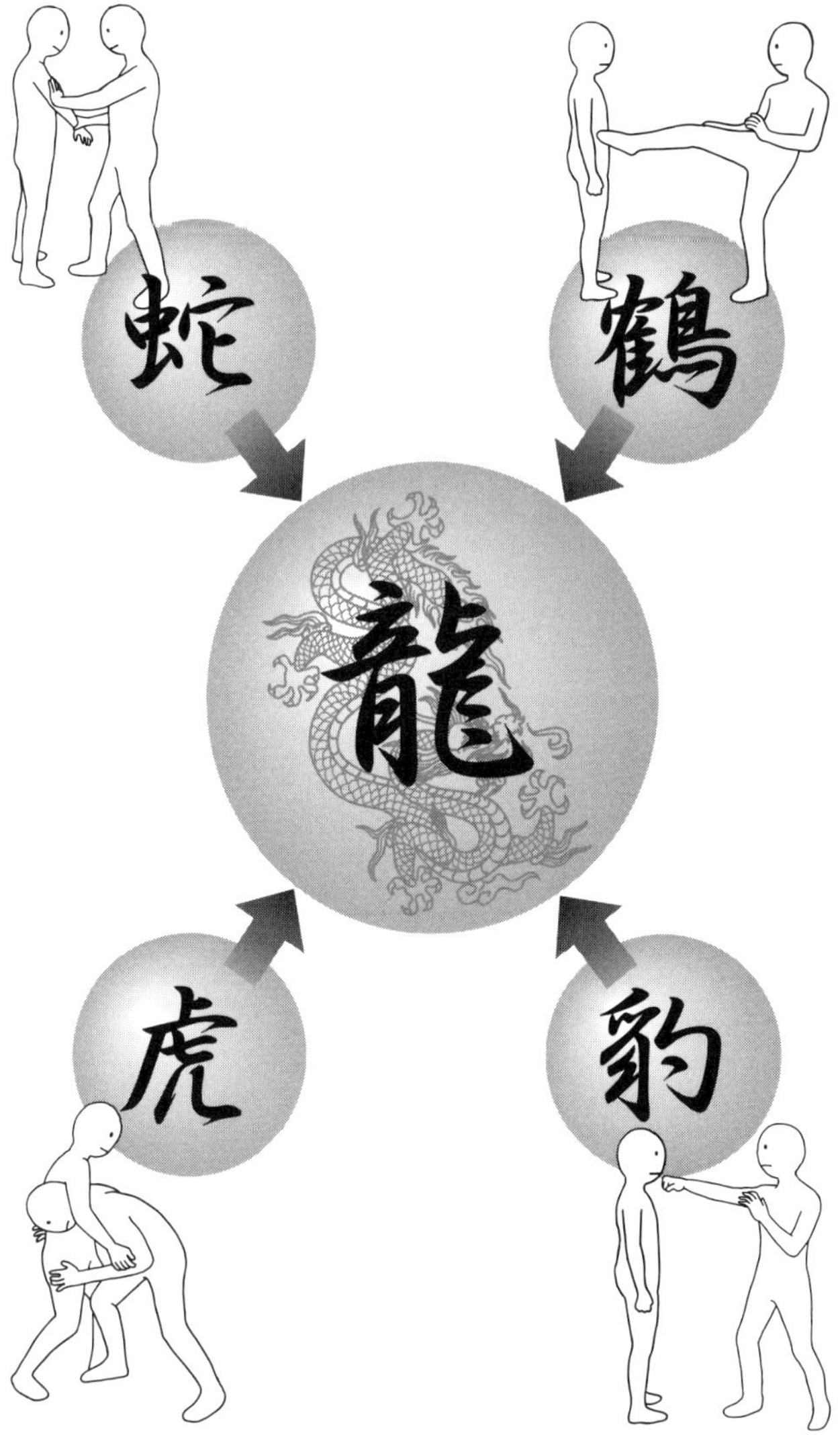

蛇

鶴

龍

虎

豹

きます。もちろん教訓としては、このようにすればあなたも私も最大限の利益を生み出せるということです。

あなたの特性を知りましょう。私は稽古をすればするほど、自身の特性、特にスピードと感受性に気が付くようになりました。レンジの観点でいえば、自分が最大限の力を出せるところ、つまり良い防御と良い打撃のできるところに注意を向けました。

私独自の自己表現の仕方が表に現れるにつれ、快適でやりやすいゾーンは、**確かに長いレンジで具合が良いのだが、近いレンジの方がより良いことに気が付きました。**それは、私の得意とする最初の領域になりました。

いつどのように（最適なレンジに）注意を向け始めたかを思うと何とも皮肉ですが、私のしようとしていたことは、できるだけ相手から遠くに離れていることだったわけです。相手との距離の練習で最初に私が好んだのは、そういう間違った理由に基づいていました。私は、相手とどう渡り合うかを習っているよりも、むしろ相手から逃げ出していました。

目から鱗が落ちるほど驚いたのは、私が最も恐れていたまさにその空間こそが、私が輝けるレンジだと知ったことです。これは重要なことでした。というのも、そのレンジにいると、動いたり考えたりする上で制限されている感じがあまりしないからでした。何という教訓でしょう。何という新発見の自由な感覚でしょう。かつてコントロールされていると感じていたところで、コントロールしていると感じられるなんて。

こうした経験は、武術であれ日常生活であれ、自信を付けたり、自分の持つ最大限の可能性を引き出すための宝庫です。生活において、自分の本当の才能と反対方向を見続けさせるものは一体何でしょうか？ 答えは簡単です。恐れやその他のネガティブな感情は大きな役割を果たしますが、大抵私たちは心の奥底にある自己に十分な声を与えていない（内側にいる本当の私に十分な目を向けていない）のです。

（学校の）教室においては、学生のレンジを掴むことが重要です。もしできるならば授業初日にです。こうすることで、できるだけ多くの学生に良い経験となるよう授業を構成したいという私の願いに沿って、授業を微調整しやすくなります。

学生の個々のレンジを知ることは、彼らの最上の可能性を発揮する空間を知る助けとなり、限界となる空間を知る助けともなります。これは、彼らと上手くやっていくこと、コミュニケーションすることに役立ちます。またそれによって、彼らから最高のものを引き出せ、起こり得る多くの問題を避けられます。

長いレンジを最も心地良く感じる学生が常にいます。多くの場合、こうした学生は教室の一番隅っこの方に座ります。面白いことに、彼らの多くは距離の働かせ方を知っています。長いレンジは、熟考し計画する時間を彼らに与えます。彼らはこれぞと思う好機を見つけると、鶴のように素早く舞い上がって質問に答えたり、あるいは意見や討論をふっかけたりします。

それから、近いレンジを心地良く感じる学生もいます。こうした学生は、しばしば前の方に座ります。彼らは会話や討論に加わるのに熱心であり、反応するために考える時間をほとんど要しません。彼らは、実際に答えが見つかる前から議論に加わることを気にしません。彼らは自ら好機を生み出せるし、やがて答えは見つかるだろうと確信しています。

それぞれのレンジの特性と限界を知ることは、私にとって、質問や議論などを微調整するのに役立ちます。こうして誰もが向かえる「目標」を得ます。こうすることで、誰もが自分に関して良い気分を抱き、友好的で効果的な雰囲気の促進に役立ちます。

さらに私のすべきことは、私の武術の先生が私にするように、別のレンジも探る活動を創出することです。各学生が自己表現するためのゾーンを広げれば、クラス全体の利益となります。全体的な雰囲気は、より萎縮的でなくなり、より自発的になり、より創造的になります。

毎日の仕事では、レンジの中に留まって生きている人が多くいます。そんなに前の話ではないですが、ある仕事上の仲間と私は、どうも個人的に関わりを持つことだけができませんでした。私たちは徐々にお互い距離を置くようになりましたが、人生にはそういうこともありますし、時には一緒に仕事する必要がありました。私たちの間に広がった距離は、仕事上のやりとりを非常に難しくしていました。そのまま放っておいたら、最後にはやりとりができなくなっていたでしょう。

何かしらする必要がありました。そこで私は思い切って、ある時ほんの少しだけ気を配りながら近づいてみることにしました。私は、その同僚が他の人たちにどのように話しているか、彼女の言葉の調子に注意を向けました。発見したのは、彼女は常に情緒的ではないけれど、フォーマルというよりは、**むしろ愛想が良く話し好きである**ことでした。私は、他の人たちが彼女にどう話しかけているかと、彼女の反応（心から楽しんでいるように見える時と、そうでない時の反応）に注意を払いました。

彼女は礼儀正しくありつつも、私的な、おそらく親密な関係にならないのを好むことに私は気が付きました。彼女は、そのちょうど真ん中を漂っているのが好きでした。面白いことに誰かが近づきすぎると、いつも彼女は最も遠いレンジへ後退しました。近いレンジ仕様の私のスキルは、彼女の中間レンジの快適なゾーンと歯車が噛み合いませんでした。

私は好機を待つことに決めました。その間は、彼女自身のレンジで会うように努めました。同時に、彼女と良い関係を持っている人の特性に心を配り、私との関係ではどの特性を最も自然に育めるかに焦点を当てました。

仕事の手順を議論していたある日、好機が訪れ、その瞬間を掴みました。別の人が彼女と交わしていた言葉遣いと議論のポイントを使って、ゆっくり注意深く距離を縮めました。彼女のエナジーや境界や隙間に感度を高めることで、より良く健康的な、そしていくらかは**よりつながった会話を楽しめる**ことが分かりました。私たちの関係は、ほんのわずかですが和らぎました。

また一方で、この状態でいれば、私たちの仕事上の関係はかなりストレスがなくなり、信頼を寄せられると思いました。こうしたスキルを磨き直す必要は何度か訪れたけれども、私たちの全体的な関係は良い方向へと続きました。かつての神経を使う関係はすっかり緩くなり、ずっと扱いやすくなりました。

第9条

レンジを見つける Finding Your Range

——快適なゾーンを広げよ Expand Your Comfort Zones

誰もが一つかそれ以上のレンジに生まれ付きの素質を持っています。あなたのレンジを見つけましょう。あなたの快適なゾーンを広げましょう。できるだけ多くの別のレンジにも習熟しましょう。それらのレンジの間を、支障なく移る方法を学びましょう。

自分の芯を感じ続けましょう。穏やかな水のように、自分を方向付けたり自分が方向付けられる中で注意深くいましょう。それはまるで偏りのない一点にいるかのようです。そしてそこから動き出しましょう。そうすれば、自身と他者から最高のものを得られるでしょう。

瞑想

Meditation

人の目を、誰でも良いから他の人の目をのぞき込めば、
あなた自身の魂があなたを見返していることが分かる。
そうなれば、自分が意識の別次元に到達していることを
あなたは知るでしょう。

——ブライアン・ワイス（1944〜）
アメリカ合衆国の精神科医

毎日の仕事で様々な人とやりとりしている様子をイメージして、各レンジからそれぞれ一人ずつ取り上げてみてください。まずは近づいてやりとりするのを好む人を一人、長い距離を保つ人を一人、選びましょう。そうしたら、その間のレンジに馴染んでいる人を二人、思い浮かべてください。

あなたが最も心地良く感じるカテゴリーを決めてください。このレンジであなたはどんな特性を出していますか？　その特性はどのように現れますか？　好意的な言葉、声の調子、気分、ボディランゲージ、言外の含み、または別の何かですか？

次に、あなたが最も心地良くないレンジを考えてください。あなたの不快さはどのように現れますか？　**ここで注意が必要です。**この時あなたは、他者の方が有利だと感じるので、他者の方が熟達している空間にいることを知るでしょう。こうしたことが起こったら、**彼らが持っている特性の中でその有利さを与えているものは何か**を観察してください。

日常生活で遭遇する色々な人たちをイメージしてください。四つのレンジの内で、その人たちが最も上手くいっているレンジはどれかを掴んでください。各レンジから一人、秀でている人を選びましょう。どんな特性が他よりも優れさせているでしょうか？

こうした一人一人と上手に関係を持っている人を考えてみてください。その人たちはどんな特性を示しますか？

毎日の仕事の中で、ぶつかりやすい人を考えてみましょう。彼もしくは彼女のレンジを掴んでください。そして、物事があなたの目的に適った方向へ動くために、先に掴んだ特性を使う様子をイメージしてください。

毎日の仕事の中で、愛想があって親しみが持てる人を考えてみましょう。彼もしくは彼女のレンジを掴んでください。そして、二人の間の物事がより気持ち良くなるように、先に掴んだ特性を使う様子をイメージしてください。

自身と他者を知り、あらゆる状況にぴったりと合わせましょう。

決意 Resolutions

☆今日、私はあらゆるレンジでの自分の特性を改善します。

☆今日、私は他者との間に築こうとしている様々な距離と、他者が私との間に築こうとしている様々な距離に目を向けます。

☆今日、私は生活の中で出会う人たちとのやりとりの中で、あるレンジから別のレンジへと移る時に感じる（自身の、また、その人たちの）快と不快に目を向けます。

☆今日、私は他者が生活の中であるレンジから別のレンジに上手く移る時、彼らがどんな特性を持っているかを掴みます。

☆今日、私は生活の中で出会う人たちとのやりとりの中で、あるレンジから別のレンジに移る時、自分がどんな特性を持っているか（また、もっと働いてほしい特性は何か）を掴みます。

☆今日、私はしかるべき理由を持って、自分のレンジに入ります。

☆今日、私は柔らかく、注意深く、敬意を持って、他者の空間に入ります。

☆今日、私は自分の快適なゾーンを広げます。

☆今日、私は自分の自由を楽しみ、他者にも同じような自由を楽しんでもらうようにします。

Identifying Your Priorities

Consider Your Net Gain

第10条

優先順位を定める

純益を考慮せよ

禅とは、幼子の心と魂を持つことだ。

——沢庵宗彭（1573~1646）
江戸時代初期の臨済宗の僧

時に武術家は、できることを何でもやって相手を捉えることに夢中になってしまいます。注意の大半は、打撃を（何でも良いから一撃を）加えることに集中してしまいます。しかし、重要なのは必ずしも当てることではなく、有効打を与えることだということを、やがて学びます。そしてまもなく、何発も有効打を与えるには、何かを諦めなければならないことを発見します。全ての攻撃を受けたり反応する必要はないことを学習します。

時に、素晴らしく見えるものも実際はそうではなかったりします。偽って力があると思わされても、それであなたが遠くへ吹っ飛ぶことはありません。道場で身に付けられる技術（利益）は、映画で観るものほど**劇的なことは滅多にありません。**事を為すには、虚栄心を横に置いておかなければなりません。行為の純益を考慮して、優先順位を決めなければなりません。

ある日の蹴りの稽古で、先生が上級の生徒と戦い方について考えている様子を私は座って観ていました。その生徒が下段回し蹴りを（もちろん全力ではなく）先生の太股に放ったのを覚えています。

「戦術上、こういう蹴りを防ぐには、先生ならどうしますか？」とその生徒が尋ねました。誰もが、**「こういう場合、あなたならどうしますか？」**形式の質問の答えを知りたいものです。何といっても、護身は私たちの主要な関心事の一つです。

「何もしません」と先生は答えました。

私たち全員が、その答えをかなり奇異に思いました。

「何も？」とその生徒は先生に迫りました。

「私なら蹴りを**受け止める**でしょう」と先生は言いました。

私は、先生の言い分を強さの誇示だと間違って解釈していました。しかしそれはむしろ、受容を示したものだったのです。

かつて、ある高段位の生徒が初心者と組手をしていました。先輩の方の生徒は蹴りのコンビネーションをする度に、先生の方を目の端でチラチラ見ていました。ある時、その先輩の方が速くて高い回し蹴りを放ち、その蹴りは相手にほんの数フィート【訳注▽1フィート＝約30センチ】離れたところで届きませんでした。私は何とも感動したのを覚えています。映画の中ではそういうアクロバチックな蹴りを観たことがありましたが、生で観たことはありませんでした。

経験の少ない方の生徒が唐突に止まりました。「あれは攻撃のつもりなのでしょうか？それとも防御のつもりなのでしょうか？」と彼は（先生に）尋ねました。

私は困惑しました。その経験の少ない方の生徒は、その発言にあるように、（先輩の蹴りに）感動していないのでしょうか？私が先生の方を見やると、先生は首を横に振って微笑みました。「それがまさに問題です」と先生は答えました。

私は先生の言葉について考えました。そして、その先輩は派手な動きで実際は何も得ていないことに気が付きました。おそらく彼は先生に良いところを見せようとしたのだろうけれど、それさえもなしえていませんでした。彼の動きはほとんど効果はなく、得るところがなく、ただ素人の目にだけは感動的に見えました。

さらに、その先輩は見せかけの蹴りのせいで体勢がグラグラしたために、(相手からの)攻撃に対して無防備になりました。彼はバランスを崩し、次の動きの前にかなりバタバタしました。彼の「演技」は、組手でも先生に対しても上手くいきませんでした。

ある日、先生と私は組手をしていました。私はあまり上手くいっていませんでした。私が踏み込んでも後退しても、先生のエナジーは私のエナジーに合わせて流れるように動きました。先生の感受性はそれほど強力でした。私はそのように先生のエナジーに合わせて流れるように動けませんでした。こうして先生は、その気になればいつでも、リズムを崩して私を捕まえられました。少なくとも私は、そのように状況を理解していました。

皮肉なことに、誰の目にも**私の方が攻撃しているように見えたでしょう。**そして同じく皮肉なことに、実際そうでした。なぜか？　それは、たとえ先生はほとんど何もしていなくても、私を完全にコントロールしていると感じたからです。一方で私は、優位になるために**何かをしなければならないと常に感じていました。**何かをする度に、(ご想像通り)私の一撃は期待に反した結果をもたらし、捕まえられてばかりでした。

「利益と損失の間の、違いを知る必要があります」と先生は説明しました。「それはチェスをするようなものです。あなたは私のポーン【訳注▽将棋でいう「歩《ふ》」】を狙っていて、私はあなたのクイーンやキングを狙っています」

その通りでした。私は優先順位を付けることを学ばなければなりませんでした。今まで私が先生にお見舞いしているように思った打撃の数々は、届いていることは分かっていましたが、それは攻撃といえるものではなく、少しも効果がありませんでした。

先生が別の生徒と練習しているのを観ていた時、先生はその生徒の（下段）回し蹴りを受け止めるだろうと言っていましたが、それと同じぐらい簡単に、先生は私の攻撃を「受け止め」たはずでした。実際は、もっと簡単にそうしていたと思います。私はこのことを悟りました。というのも、自分でもこの攻撃を受け止めただろうと思ったからです。

その日以来、私は虚栄心を捨てるようにしました。主導権を握っていると感じるために、何でも良いからやらなければならないと感じる時は、いつでも頭の中で警報が鳴りました。それは私に、優先順位を見失っていることを警告していました。そんな時は、自分で自分を相手にやすやすと供していたのでした。

私は**改めて、基本を全て徹底的に練習しました。**本当の利益について考え始めました。

それは先生が定義したように、有効な打撃でした。

ただし、個々に各々の状況を見る必要はあります。ある状況で利益だと考えられるものが、別の状況では損失となるのももっともです。前述した太股への下段回し蹴りについていえば、**もし相手がその一撃を受け止められたら、あなたは全く何も得られません。**事実、相手の策略にまんまとはまっているのかもしれません。しかし、**もしその相手がその一撃を受け止められなかったら、あなたを勝利へと向かわせるかもしれません。**

道場での稽古は、損失を利益に変えることは可能だということを教えてくれました。一旦これを理解すると、あらゆる機会にこの考

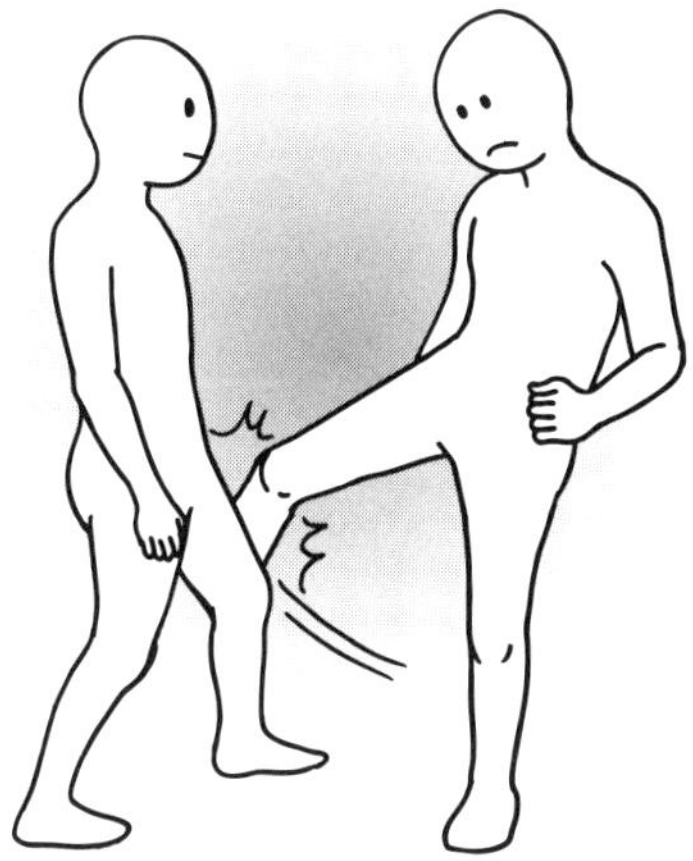

もし下段回し蹴りを当てたとしても、相手がダメージもなく受け止めた場合は、蹴った方は何も得られない。逆の立場でも同じことがいえる。

えを試し始めました。例えば、ある動きの判断を誤ったことに不安になる代わりに、冷静さを保って本当の目標を探し、方向転換を行う（損失を利益に変える）ことに努めました。誤りはまさに「禅の恵み」であると、誰かが言っていたのを聞いたことがありました。

多くの場合、これは事実です。例えば、受け損ないが効果的な突きになったり、下手くそな打撃が思わぬテイクダウンになったり、完全な蹴り損ないが予期せぬ足払いになることがあります。油断せずパニックにならない限り、誤りは事を為すのに必要な何らかの見通しをあなたに与えるものです。

「ただ事を為すだけ」。武術におけるこの有名なアンセムは、生活にも応用できます。ただし優先順位を付けて、純益を考慮しなければいけません。行為を始める前に、自分自身に問いかけましょう。この行為は目標達成に必要か？　あるいは格言にあるような、戦いに勝つが戦争に負ける結果になりかねない行為か？　と。

最近、家にある電化製品の一つが調子悪くなりました。修理屋に電話をした時、彼が最初に尋ねたのは、保証はまだ有効かどうかということでした。私は分かりませんでした。彼はメーカーに電話するよう勧めました。スケジュールの合間にメーカーのお客様サポートに電話をかけると、最初の技術担当者と話すまで保留にされました。技術担当者がようやく答えると、彼は不意に（また）電話を保留にして、そのまま30分以上も待たせました。待っている間に、もう本当に電話を切って別の時にかけ直したいという思いに何度も駆られました。

私の欲求不満は深まりました。保証がまだ効いているとは全く思わなかったため、時間を浪費しているのではないかと思い始めました。電話が通じた暁には、その技術担当者に何か言ってやろうと考えていました。

その時、私はブレーキをかけ、優先順位を点検してみました。今の態度を続けることで一体何が得られるだろうかと、自分自身に問いました。私の目標は保証で修理をしてもらうことか？　それがこの電話の要件だったか？　より大きな枠組みから事を見れば、待つことは「簡単に受け止められる一撃」に過ぎないと悟りました。そのため、技術担当者が電話口に戻ってきた時に食ってかかるのではなく、冷静な気持ちになって、彼に話させました。

興味深いことに、彼は長く待たせたことを何度も詫びました。私が新たに採用した技法は、できるだけ感じ良く丁寧でいることでした。彼は私の調子に自分の調子を合わせ、残念だが実際のところ保証の有効期限が切れていると説明しました。私は平静を保ち、そうかもしれないと思っていたと話しました。ただ最後に彼は、故障の内容がちょっと変わっていることを認め、そのために保証を延長して修理すると言ってくれました。

いうまでもなく私は結果に満足しましたし、特に状況の成り行きを思えばなおのことでした。単純に特に実質的な困難もなく、解決は訪れました。優先順位を付けることと純益を考えることが功を奏しました。

常に優先順位を定めましょう。それは、商取引をしている時も、人間関係を取り扱っている時も、身体的な健康や感情的な健康やスピリチュアルな健康の問題を考えている時もです。

行為の純益を考慮しましょう。落ち着きを保ちましょう。不安にならないでください。ただ動こうとして動かないでください。落ち着きを保ちましょう。本当の目標を目指しましょう。動きを選びましょう。その上で一撃を放ちましょう。

瞑想 Meditation

私たちの行為が別の人に不協和を生み出す時、
この一生でもまた別の一生でも、
私たちは自らそういう不協和を感じることでしょう。
同じように、もし私たちの行為が
別の人に調和と能力向上を生み出せば、
私たちもまた、そういう調和と能力向上を
感じるようになるのです。

——ゲイリー・ズカフ（1942～）
アメリカ合衆国の著述家

何らかの反応が必要だと感じる状況、いくつか試してみたけれど未解決なままの状況をイメージしてください。

その状況におけるあなたの目標を考えてください。そうしたら、取ろうと思っている行為のステップをイメージしてください。その反応が目標達成に必要かどうか、自分自身に問いましょう。その行為は、結果的に真の利益をもたらすでしょうか？　別の相手に同じような状況で、その行為は功を奏しましたか？　相手によって違いはありますか？　状況によって違いはありますか？　その行為はどうして、ある場合には効果的なのに、検討中のある場合には効果的でないのでしょうか？

あなたはポーンを取るつもりですか？　それともクイーンやキングを取るつもりですか？

他人（あなたが一緒に事を解決しようと試みている人物）は、その状況の中でどのように働いているかをイメージしてください。この人の行為のいずれかをあなたの利益に変えることはできますか？

その状況が先細りになったり悪化し始める様子を考えてみてください。あなたはその相手と流れ続けるために何ができますか？　ここでの目的は、問題解決を妨げるものを送り流し、流れを下ってくる解決策を待ち受けることです。

本当のチャンスと利益が見えてそれを手に入れるまで、流れ（落ち着いたままで感受性を高め、レンジとリズムを調整し、また再調整するなどのあらゆる基本）を維持できる自分自身をイメージしてください。

この瞑想技法を、日常の仕事に徐々に取り入れていきましょう。

さらに考えてみるために

生活の中で、心温まる楽しい状況をイメージしてください。次の公式を念頭に置きましょう。それは**「不安にならず、落ち着いて、流れとともに行き、本当の目標を待ち受け、一撃を放つ」**です。

その状況で自分が流れていくイメージをしながら、広い範囲の行為（目標）を考えてみてください。そのうちのどれが、その状況から生まれる温かさや楽しさをさらに育むかを自身に問いましょう。そういった行為へ自身が流れていく様子をイメージしてください。

この瞑想技法を、日常の仕事に徐々に取り入れていきましょう。

決意

Resolutions

☆今日、私はトレードオフという観点で、自分の行為と反応を見ます。それぞれから生じる利益と損失に注意します。

☆今日、私は私の前に現れる、あらゆる行為に対して反応する必要はないことを忘れないようにします。

☆今日、私はより良い立場を得るために、機会を待って、特定の行為に反応しないようにします。

☆今日、私は特定の言葉や行為が、ある人といる時には私の目的に適い、別の人といる時には適わないことに注意を向けます。また、その理由を解明するよう試みます。

☆今日、私は効果的なものは必ずしも華やかなものではないことを忘れないようにします。

☆今日、私は生活スキルの全てを、意思決定する背景に置くよう試みます。

☆今日、私は機会を待って、損失を利益に転じます。立場や目的を失った時に不安にならないようにします。落ち着いたままで、流れとともに行き、本当の目標を待ち受け、できる時にはいつでも方向転換をします。

Pacing Yourself

Manage Your Energy

第11条

自分のペースを保つ

エナジーを管理せよ

行動が、自信と自尊心を得るための王道である。

——ブルース・リー（1940〜1973）
ジークンドー創始者・映画俳優

やりたいことをするための十分な内的エナジーを、**必要な時に**持っていることは、人生を謳歌する上で最も重要です。道場でも日常でも、誰もがより多くのエナジーを生み出す手段と、長期間エナジーを保存する方法を探しているようです。武術ではそうしたエナジーの生成や保存は、心身の動きの注意深い調整と測定（**ペース配分**として知られる過程）によって成されます。優れた武術家は、エナジー使用の管理を修得していて、必要な時にエナジーを引き出し、同時に補充します。

私は、1ラウンド3分で3ラウンドの組手を初めて試みた時を思い出します。私は早々に疲れ果て、攻撃を捌いて反撃しようとしましたが、要は自身がバテたせいで負けてしまいました。

一方で、大半の先輩が同じ3ラウンドの後なのにウォーミングアップしているだけのように見えるのが、どうしても気になりました。私は驚きました。彼らのエナジーがどこから来るのか、あるいは、私のどこが悪いのか、理解できませんでした。多分、私は上手くできないだろうと不全感を抱きました。

私たちの普段の組手の練習方法の一つは、龍の円（Dragon's Circle）として知られていました。このエクササイズの目的は、持久力を鍛え、エナジー管理のスキルを磨くことでした。それはまた、多種多様な相手との戦い方に慣れさせるものでした。

まず先生は、私たち（生徒）を円になる

ように並ばせました。続いて、一人を円の中に行かせました。その人は（男でも女でも、初心者でもベテランでも）一度に一人ずつ、円になっている全員と組手をしなければなりませんでした。各対戦は、どちらか一方が参ったと言うまでか、先生が手を叩いて対戦を終わらせて、次の相手を入れるまで続きました。

ここでも、初心者はすぐに疲れて、**上級者はやればやるほどエナジーを得る**ように見えました。私は上手くできませんでした。

ある日の稽古後、「私はどうして、スタミナ維持がこんなに大変なのでしょうか？」と先生に質問しました。私のどこが悪いのでしょうか？　私は毎日3マイル【訳注▽約4・8キロ】走り、形《かた》と技法を全部稽古し、体型もかなり良いと思うけど、円の真ん中にいる時はいつも、エナジー不足を自覚しました（対戦のほとんどに負け、勝ったとしてもヘトヘトでした）。

「試合の流れを理解する必要があります。（つまり）**ペース配分**です」と先生は言いました。そして、基本的な規則を思い出すように言いました。それは、**「エナジーを管理すること」「必要な時にだけできるだけ効果的に動くこと」「課題を達成するのに必要十分な力だけを用いること」**でした。

より良い管理スキルを磨くために、私は改めて基本に帰りました。新しい武術の考えを学ぶ時はいつも、それまでの考え全てを新しい情報一つ一つでもって再編成しなければならないことが、その頃にははっきりと分かりました。そうやって武術は効いてきます。だから人は、武術を永遠に生活の一部にすることを選ぶのです。武術は終わりのない栄養の泉なのです。

エナジーを使って、同時にエナジーを溜める。要するに、空っぽにしていっぱいにする。それは逆説的に見えました。

私は、気を養い凝縮しておいて、その後に、必要な時にだけそれを使うようにしました。こうすることで仕事の労は減ったので、上手く一歩前進したように見えました。しかし、まだ何かが足りませんでした。エナジーを使っている時に、同時にエナジーを生み出して溜めることはできていませんでした。

基本を再編成したのは良いことでした。というのも、基本の全てを利用して事態が打開したからです。

私は12人の相手の3人目とまさに対峙しているところで、考えるのをやめて、自分の意識が沈んでいくのを感じました。リラックスして深い静寂の状態となりました。驚いたことに、注意が鋭敏になりました。

これは道理に適っていました。集中のしすぎは注意力を失わせることがあります。誰でも、あることに強く集中していると、他人と一緒に部屋に入っても、その人がいることに気付かないことを経験します。何かについて一生懸命考えながら、ソーダを飲んだり音楽を聴いてみてください。それぞれの経験（味や音）をいくらかし損ねるでしょう。一旦意識を沈めれば、もっと見えたり直観できたりします。

私に関してそれは、第二の精神的なハードドライブとプロセッサー、それも元々の何倍もの記憶容量と処理スピードのものを突然発見した思いでした。私はこの**深まった意識**の状態を使って自分の行為全てを方向付け、必要な力だけを用いました。実行可能な時はいつでも不要な行為を取りやめ、目標の相手を捉えるために無駄なく動いてエナジーを節約しました。そうした上で意識を沈めたままにして、組手を続けながら多くの気を呼び込み凝縮しました。

気を凝縮している時、身体は変電器のように働くので、身体の動きを用いてより多くのエナジーを生み出せます。私はこのようにして、気を凝縮して身体の中の必要なところに再循環させること、つまり、下丹田に息を送って多くの気を養い、一つ一つの動きの後に四肢から気を引き込んで、必要な時と場所に気を再分配し始めました。

　私の全身は、より軽く敏捷に感じました。心は静かなままで、相手のエナジーに合わせて柔軟に動きました。龍の円を行った後はいつも、**「体中が筋肉痛で、今夜もまた大変だ」**という感覚に襲われましたが、この時は驚いたことに、**その感覚を抱きませんでした。**養っておいたエナジーは、次の日までよく持続しました。

「適切にエナジーを溜めていれば、芯や活力を感じるはずです。練習は、フルスピードで走ってくる大型トラックの向きを変えるのに十分な力強さを感じるものであって、ただ大型トラックにぶつかるものではありません」と先生は言いました。私はこの格言が好きで、稽古をするにつれて、その意味を感じるようになりました。

　私はこれと同じスキルをジョギングに応用してみました。道場の時と全く同じように、エナジーを使いながらエナジーを節約し、回復できることが分かりました。それだけでなくタイムが良くなり、いつもの筋肉痛や関節痛がなくなりました。さらに、豊かで清らかな余剰のエナジーを翌日までよく保って使えました。

　こうしたスキルを、学術的な仕事からビジネス、スポーツ、普段の雑事、そして親密な関係の時にさえも、あらゆる日常の状況に応用するのに、時間はかかりませんでした。

ペース配分は、エナジーを消費しながら節約し、回復するのに役立つでしょう。できる時には、いつでもどこでも練習しましょう。

瞑想 Meditation

ある点から線が始まり、そして円になる。円が完成する時、最後は最初につながる。

——マフムード・シャビスタリー（1288頃～1340頃）
ペルシアの詩人

個人的なことでも状況的なことでも良いので、最近のストレスフルな出来事を思い出してください。細かいところをイメージする前に、次のことをしてください。

・芯を感じる。
・リラックスして、呼吸を整える。
・心にポジティブなエナジーを与え、あなたに力を与えるイメージを心の中に描く。

あなたが好む象徴を用いてください。虎、豹、鶴などです。あるいは、映画の登場人物を使いたいと思うかもしれません。どちらにせよ、あなたが得ようとしているものは、同化できるその象徴から送られてくる、揺るぎない力の感覚です。

それでは心の中で、そのストレスフルな出来事を映画のように演じましょう。自身がその状況で立ち回り、落ち着いて自然に対処する様子を想像してください。

・エナジーを沈める。感覚を鋭敏にしつつ、冷静なままでいる。
・状況を分析し、気を集めて溜める。心の中で目的をはっきりと保つ。
・適切な機会が訪れた時に無駄なく動き、エナジーを効率的に用いて反応する。
・必要な時、必要なところに気を集め、再循環させる。

ポジティブな結果に達するまで、これらのステップを繰り返してください。

別のバージョン

前記の瞑想を行いますが、ストレスフルな出来事の代わりに、ポジティブな状況を思い浮かべます。ペース配分について示唆されたパターンに従うことで、すでにポジティブな経験がいかに高められるかを観察してみてください。

一日を通して遭遇する様々な人に対して、このスキルをそっと実践してみましょう。会話に入ったり出たりすることがいかに自然にできるか、会話をあなたの目標に向けていかに上手く方向付けられるかを観察してみてください。

決意

Resolutions

☆今日、私は日常の仕事を通して定期的にリラックスし、自身にポジティブなエナジーを与えることを忘れないようにします。

☆今日、私は物事を「力づく」で行ったら、ただ疲れるだけだということを忘れないようにします。

☆今日、私はスキルを使ってエナジーを蓄えることを忘れないようにします。

☆今日、私はエナジーがポジティブな結果をもたらす時だけ、それを使うようにします。

☆今日、私はできるだけ少ない動きで、目標を達成しようと試みます。

☆今日、私は目標を達成するために必要なエネルギーしか使わないようにします。

☆今日、私は心と身体と動きから、できるだけ躊躇を取り除こうと試みます。

☆今日、私は問題や喜びに対して自然に流れるように動くためには、計画を変更しても大丈夫だということを忘れないようにします。

☆今日、私は人生の出来事の中で漂いながら、エナジーを集めて溜めるようにします。

☆今日、私は困難の中にあっても喜びの中にあっても、芯を保ちます。自分の芯に従います。芯はいつも羅針盤のように、私を至福や神のもとへと導いてくれます。

Wrestling an Empty Jacket

Overcome Force with Softness

第12条

中身が空っぽの道着と闘う

柔らかさで力に打ち勝て

人は生きている時、柔らかくてしなやかだ。
人は死んでいる時、固くてこわばっている。（『道徳経』第76章）

——老子（古代中国の思想家・道家の祖の一人、生没年不詳）

多くの武術の技法は、自然に触発されています。例えば、竜巻ほどの大きな力は電柱をなぎ倒し、家々を粉砕するけれども、草の葉や木の葉はそんな猛威を難なく優雅にやり過ごします。

武術を習う者なら誰もが、いずれこの手の話を何度も聞くことになるでしょう。どうしてか？　それはとても大切だが、すぐに忘れてしまうからです。柔らかくしなやかなものは、強い力に負けません。硬くて脆いものは壊れます。

武術において、**剛（hard）と柔（soft）**という単語は、二つの異なるスタイルあるいは哲学を区別する伝統的な用語です。

・内的もしくは軟らかいスタイル（太極拳、柔道、合気道など）は、心と魂、または**内的な強さとエナジー（気）の鍛錬**とともに、**真正面から力にぶつかるよりも力の方向を変えること**に焦点を当てる。

・外的もしくは硬いスタイル（テコンドーや空手など）は、筋力的な強さ、身体的な動き、外的な力の使い方を、**外的に調整すること**に焦点を当てる。

大半の武術はそれぞれの要素を含むといって間違いないですし、優れた武術家は力とともに柔らかさや静かさの使い方を知っているでしょう。それでもやはり、（竜巻のような）力に（草の葉や木の葉のような）最小限の努力で打ち勝つ能力は、**内的な**もしくは**軟らかい**系統の武術の中心です。

ある伝説的な逸話があります。
それは、偉大な柔道家である嘉納治五郎（柔道の創始者）の対戦相手が、かつて嘉納との対戦を、**「まるで中身が空っぽの道着と闘おうとしているようだ」**と形容した話です。そうしたなぞらえは、まさに武術の柔らかい技法の性質と効果を表しています。端的にいえば、柔らかさで力を克服する（柔よく剛を制す）ということです。

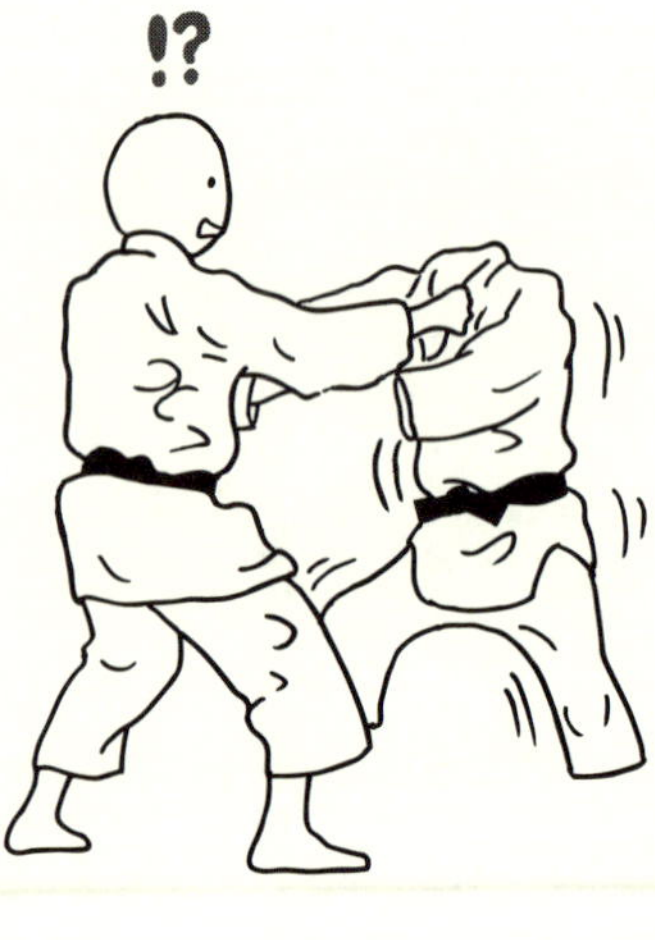

もしあなたが私と同じようなものであれば、人間関係や家族や組織（実際のところ、国全体）における主要な関心事は、あらゆる角度から毎日さらされるストレスの量です。「力を抜いて」と言うのは簡単ですが、現代生活の緊張は真のくつろぎから遠く離れるよう駆り立てます。時に、本当の柔らかさがどんなものか思い出すのが難しいこともあります。

しかし時々、いかに自分がこわばっているかを端的に示す出来事も起こります。それは注意を払うのに、つまり生まれてきた時の自然な柔らかさの状態からどれほど遠くへ流されてきたかを知るのに、ちょうど良い機会です。それは自分の行為を測り、再プログラムする時です。

柔道で初めて投げられた時のことを思い出します。私の半分ぐらいの大きさの女性が、私をまるで何の練習にもならないかのように、畳に投げました。私は自分を石が入った袋のように感じ、尻と肘を床に叩きつけられたのです。先生がそれに気付きました。

「そんなふうに落ちていたら、いつか怪我をしますよ」と先生は言いました。

「いつか、ですって？（もう怪我してます）」と私は苦笑いして、自分の肘をこすりました。

先生は笑いました。「あなたは全身が抵抗しています。柔らかくならなくてはいけません」

私は、**柔らかくするという意味**が全く分かりませんでした。ただ、私が同じ投げを彼女にした時、触れてから倒すまで、彼女は絹のように緩くなり、全く何の抵抗も示さないことに気が付きました。彼女の身体はあまりにも重量がないかのようだったので、まるで透明になったかのようでした。

私が感じられたのは、その運動の滑らかなエナジーであり、彼女はまるで自分自身をその動きにくっ付けている、**その動きになりきっている**かのようでした。私は嘉納治五郎の話を思い出しました。木の葉のように重さのない、かの有名な「中身が空っぽの道着」がそこにあると思いました。

もしあなたが力を克服したいなら、柔らかくなることです。こちらの動きに反撃しようと思うなら、絹のように軽く、投げをただ受け入れつつバランスを保ちながら、実際に有利な位置取りができます。

ここでもまた、コントロールに関する教訓を学んでいることが分かりました。たとえ私がある行為を開始しても、彼女は明らかにそれを掌握していました。柔らかさにはより深いレベルがあると、私は思い始めました。伝説の道着は空っぽにも関わらず、敏感で意識的なのだと（応用の観点から）理解しました。それでもなお、私は困惑したままでした。

彼女は私に、「要は緩く、本当に緩く、空っぽに、しかし注意深くなることです」と言いました。「投げられるのを恐れないことを稽古する必要があります。わずかでも不安があれば、決して緩くなれないでしょう」と彼女は続けました。「落ちるのは動きの一部です。あなたと動きが一つになるところです」。

しばらく経って稽古も積み、私は**落ちることにますます自信が付き始めました。**投げられるのに抵抗するのをやめ、動きの中で重量がなくなるようにしました。この戦略によって、ほぼいつも有利な場所に位置取りをし直しました。柔らかいままでいて、位置取りが自然に直るのを持たなければならないことを学びました。

つまり、無抵抗なままで動きに調和している限り、衝突の衝撃を全部受けることは避けられます。やがて怪我をする確率が減り、そのため不安も減ります。当然それは、目標に向かって事をなす時に有利な位置取りへと、全く新しい扉を開きます。

一旦無重量の力を知れば、あらゆる行為に組み入れたいと思うでしょう。私は無重量の訓練を始めました。四肢がスパゲッティのように緩い様子を想像することから始めました。しかし、先生はそれを注意しました。「柔らかさをグニャグニャで弱々しいことと思ってはいけません。そうすると大変なことになります。私たちが言う柔らかさとは、外面はごく鋭敏に、しかし内面は鋼のように強いのです」

私は、その他大勢と同じく、本当の柔らかさがどんなものか分からなくなりました。逆説的な話で混乱していると先生に言うと、よく理解するために湖かプールに入って形《かた》を稽古することを先生は提案しました。

「私が話していることが何かを一旦経験したら、その感覚を思い出してください。それを稽古に移し入れるのです」と先生は言いました。

数週間後、私は休暇でアディロンダックに行くことになったので、ジョージ湖にあるビーチの一つに向かうことに決めました。その日、ビーチにはたくさんの人がいましたが、自分を抑えることができませんでした。というのも、水の中で形《かた》を行うと先生が話していたことを、私はどうしても知る必要があったからです。私は少しばかげていると感じつつも、目立たないように腕を少し動かすぐらいなら注目を集めないだろうと思いました。というわけで、人目に付かない場所を見つけて試してみたのでした。

そこでの経験によって、自分の練習で抜けていたことが何か分かりました。私の腕は無重量で柔らかく漂い、袖が水の上を滑るように動きました。腕は機敏で軽いのですが、(先生が述べていたように)その鋼のような力、落ち着いていてかつ注意深い力を腕の中に感じられました。外側を柔らかく軽く感じるほど、内側は丈夫で力強く感じました。文字通り、骨が強くなるように感じるはずです。力を思い切り入れると、ちょうどその感覚は真反対になります。

今までに学んできたいくつもの概念が、一つになり始めました。気は**行為に対して漂う力**を注ぎ込み、呼吸は気を導き、そして鎮まった心が呼吸を導くことを、私は分かり始めました。

「中身が空っぽの道着」という概念は、人生において何度も私を自由にし、力付けてくれました。それを実践すれば、人に対して威圧的にならなくて済むでしょう。口論に巻き込まれることもありません。たとえ周りの力があなたをどこかよそに吹き飛ばしてしまおうとしても、あなたはあなた自身であることに完全に自由でしょう。これだけは覚えておいてください。もし力を克服したければ、柔らかくなることです。

それは朝のラッシュ時のことでした。私はガソリンスタンドに立ち寄ろうとして、道路中央の左折車線で、別の二台の車と立ち往生してしまいました【訳注▽右側通行のアメリカでは、大きな道路にしばしば左折車線がある】。私の前の車の若い女性は対向車の流れに割り込むのに苦労していたので、運転の練習中だということがまもなく明らかとなりました。彼女はもういい加減に長い時間、中央の車線にいましたから、彼女と同乗していた若い男性が私と私の後ろの車の人に、自分たちを迂回するよう身振りで合図を送ってきました。しかしその時、彼らの車がガクンガクンと揺れて進み、エンストしてしまいました。

すると、私の後ろの車の人がケンカ腰にクラクションを鳴らしたので、前の車の彼は窓から頭を突き出して、私の方に向かって汚い言葉を浴びせてきました。クラクションを鳴らしたのは私だと彼は決めつけていました。

運良く私は、ガソリン代の支払いを待つ列で、彼の後に並んで清算することになりました。彼はレジの番を待つ間、身体を左右に揺らしながら、皮肉なことに待ちきれずイライラしている様子でした。彼が私に気が付かないようにと、私は心から願いました。リラックスを心がけました。驚くことに、自分はそこにいるだけと考えることで、自分を緩めることができるものです。

しかし、彼は振り返って私に気が付いてしまい、口汚い言葉を激しく浴びせてきました。彼は聞く耳を持たず、ケンカ腰になっていました。こうなると私に何ができるでしょうか？私はまるで嘉納治五郎の空っぽの道着のごとく無重量となり、彼の言葉を滑らせました。彼に何も言い返しませんでした。彼が私のことをどう思っているかは重要ではありませんでした。彼が投げてくるもの全てをかわし、どんな衝撃も貫通させませんでした。

とうとう彼は、敵意を無くしました。結局、彼は私から何の反応も得られなかったので、彼はレジの人に向き直って同意を求めると、レジの人はニコリと微笑んだふりだけをしました。そこでも反応は何もありませんでした。私たちはどちらも、この敵意的になっている男の爆発を受け止めませんでした。誰一人として彼に怯えていませんでした。何も切り込むことなくナイフのような怒りを振り回しきると、彼はただ去っていきました。彼は自分自身に敗北したのです。

葛藤への対処は決して楽しくありませんが、動きをかわすことはできます。流れを信じましょう。柔らかさで力に反応しましょう。加害者はそのうち疲れて鎮火するでしょうし、あるいは、あなたを有利な位置に残すでしょう。あなたは、その位置から目標を達成できます。

瞑想

Meditation

天と地は何もしない、
かといって成し遂げないものは何一つない。

——荘子（前369頃～前286頃）
古代中国の思想家・道家の祖の一人

水の中に入ってください。例えば浴槽、プール、湖などです。優しく呼吸してリラックスし、両腕を水平に浮かべましょう。

そうしたら腕を前後に動かして、重みのない感覚を感じてみてください。腕の内側の鋼のような強さを感じましょう。腕を動かし続け、下丹田に意識を集中しましょう。腕を前後に動かすのに合わせて、息を吐く時、腕に気を送ってください。

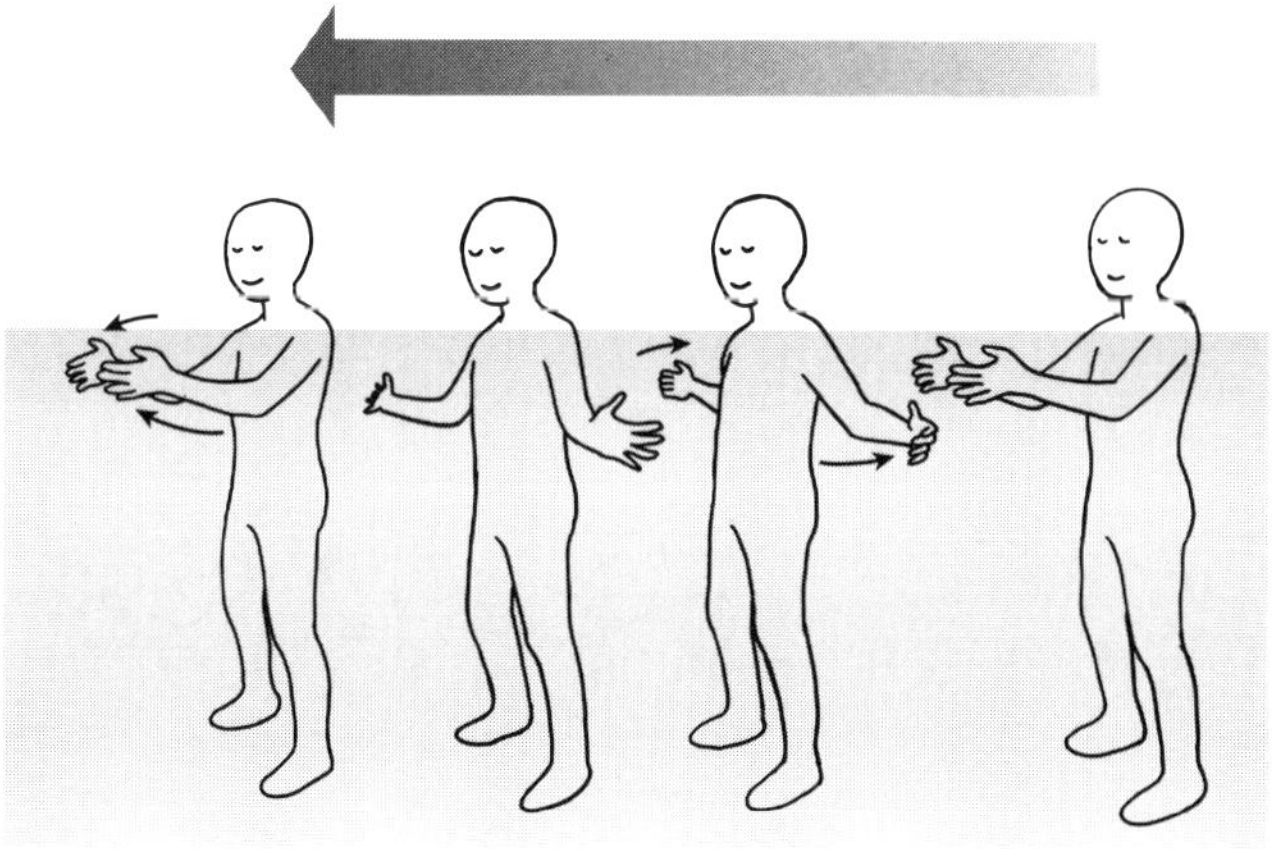

次に気を指先に送って、しばらくの間そこに気を保ってください。今度は、25セント硬貨【訳注▽直径約24ミリ。10円硬貨より少し大きい】より大きくならないぐらいに気を集中させて、手のひらに送ります。

その次は手首に送ります。そして手首と肘の真ん中あたりに送ります。最後に肘に送ります。**そうして導かれた気は、ルーペで集められた太陽光線の焦点のようにイメージしてみてください。**

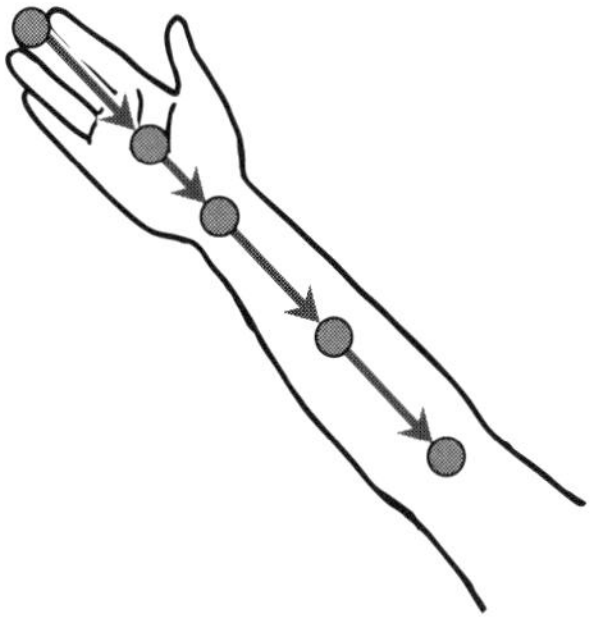

このエクササイズを、好きなだけ何度も繰り返しましょう。目を閉じて試しても良いです。

身体のどこかに気を集中することがどのようにできたか、心に留めてください。さらに、身体の柔軟性に意識を向けてください。これが、毎日の葛藤の中であなたが得たいと思っている柔らかさです。心にも同じような柔らかさを備えましょう。

追加バージョン

あなたが今、あるいは以前に葛藤を抱えていた誰かをイメージしてください。身体的にも精神的にも自分を柔らかくしましょう。その人物によってもたらされた葛藤の波一つ一つに乗る、中身が空っぽの道着のようになりましょう。

その人が疲れて鎮火するまで、あるいは動きそのものがあなたを優勢にするまで、動きと一つになりましょう。その人物が苛立っていき、あなたを脅かせなくなり、ついには自分自身に敗北する様子を観察しましょう。

決意

Resolutions

☆今日、私は限りなく小さな木の葉が限りなく強い風に耐え得るのは、風に抗するよりもむしろその動きの一部になりきっているから、ということを忘れないようにします。

☆今日、私は他者の敵意に油を注がないようにします。その代わりに、彼らが鎮火するか私を有利なところに置くまで、彼らの動きに身を任せるようにします。

☆今日、私はスピリチュアル的にあるいは感情的に落ち込んでも、調和することによって良い位置取りができることを忘れないようにします。

☆今日、私はたとえ難しくても、時々自分自身（身体、心、魂）を柔らかくしようと試みます。私は自分の行為の緩さと優しさを楽しみます。

☆今日、私はそれぞれの動きと一つになるために、空っぽのままでいることを忘れないようにします。私は、空っぽでいつつ、あらゆる物事の充実した存在感を経験するというパラドックスを忘れないようにします。

☆今日、私は柔らかい状態が生まれた時の状態であり、生きる上で最も自然な状態ということを忘れないようにします。

Being Like Water

Go with the Flow

第13条

水のごとく存在する

流れとともに行け

もし君の中に硬いままのものが一切なければ、
外界は自らをさらけ出すだろう。
動くこと、水のごとし。
静かなること、鏡のごとし。
反応すること、こだまのごとし。

——ブルース・リー（1940〜1973）
ジークンドー創始者・映画俳優

流れとともに行くのは武術家の道です。経験豊かな武術家は、**目的を達成するための手段**という観点では考えません。そうではなく今を十分に生きるようになり、瞬間瞬間が訪れるままにそこに参加し、その**有り様**とともに動きます。**方法**と**目的**は同じ動きとなります。つまり調和することです。習った全ての形《かた》と技法は、いかなる状況にも対応可能な一つの生きた動きとなります。

流れとともに行くと、習った形は自由な形へと進化し、自発的になります。そういう武術家は熟練の域に達しています。

流れとともに行くと、行為に干渉するよりも、むしろその行為の一部となり、物事が自然な道筋を辿ります。乱れのない水の鏡面のようです。心は静かに覚めていて、美しいものも醜いものもあらゆるものを映し、そのいずれもが静寂を打ち破ることはありません。この考え方は、**「水の心」(mind like water)**として知られています。

流れとともに行くと、静かで平穏になります。いつでもどこでも**水のごとく存在する**よう努めます。水はあらゆるものになりえるからです。優しくもあり力強くもあり、静的でもあり動的でもあり、自らも流れるし何かを浮かべて流すこともあり、重かったり軽かったり、透明だったり、個体になったり気体になったりします。

流れとともに行くと、人はある場所から別の場所へと漂い、その行為はリラックスして安らかなので呑気に見えます。水の人は、外面は柔らかで内面は強いのです。

流れとともに行くには、自我を殺さなければなりません。ジョーゼフ・キャンベル【訳注▽アメリカの神話学者】は、著書**『神話の力』（早川書房、原書は『The Power of Myth』Anchor; Reissue）**の中で、**自我を「なりたいと思うもの、信じようと決意しているもの、手に入れられると思うもの、愛そうと決めているもの、自分がそうなる運命にあると見なしているもの」と定義しました。**続けて彼は、「それはどれもちっぽけなものでしょう。どの場合でも、それはあなたを束縛するでしょう……。結局、最後の行為（自我を殺すこと）は、自身によってなされなければなりません」としました。武術家（そして、高みを目指す全ての水の人）が直面する最大の戦いは、自分自身の中にあるということです。

自我を殺す方法は、意識を沈め、そこから全てを行うことです。全てです。芯のある心はバランスが取れていて、安定していて、自我がありません。それはあらゆるものとあらゆる人につながっています。なぜなら、それは神、すなわちあらゆるエナジーの礎、あらゆる意識の源から流れてくるものだからです。

水の心は囚われなく、安らかです。それは気付いていて、敏捷で、理知的です。それは境目がないので、その心を維持する限り**束縛されることはありません。**

第13条 水のごとく存在する Being Like Water
――流れとともに行け Go with the Flow

水の人は柔らかく、自我が無く、自然で、常に変化しています。

武術の研究を始めて数年経ち、水が私の指針的な比喩となったある時、先生は私にマンツーマンで稽古をしようと提案されました。それは美しく暖かい真夏の午後でした。私たちは外に出て、チーサオを稽古することに決めました。私は、高いポジティブ・エナジーを維持して、できるだけ柔らかく人生を送ろうと努めていました。私の感受性は良好で、身体的にもスピリチュアル的にも強くかつ健康に感じていました。

私が思うに、その日は生と術の両方が良好であり、非常によく解け合っていました。先生と私は練習を通して滑らかに動いていました。このエクササイズを数年間稽古してきましたが、今までに決して、たった一度さえも先生に当てることはありませんでした。実際その通り、**有効な一撃など一つもありませんでした。**「打撃の一つが当たる時は、あなたも相手も、両方ともそのことが分かります」と先生はかつて説明してくれました。

そうこうしつつ私たちは、互いに合わせながら動き、打ち込み、方向を変え、ともに漂いました。瞬間的にコントロールを失う時のよくある緊張を私は感じませんでした。その緊張は、先生とチーサオを稽古する時に時々感じるものでした。特に何かをしなければならないとも感じず、ただ流れのままにあることが正しく思えました。動きを長く続けるほど、私たちのエナジーが高まっていくのをますます感じられました。

すると突然、調和が破れました。次に私が感じたことは、先生が放った一撃の推力であり、岩を超えて流れ落ちてくる冷たい水のようなものであり、私は（全く何も考えることなく）その一撃の上に前腕を絡めて、目標に完璧に当たる滑らかで素晴らしい一打で反撃しました。

形《かた》は、自由な形へと進化しました。私は先生を捉えたのです。

一瞬、全てがスローモーションに見えました。私は起こったことが信じられませんでした。思うに、そこにあったのは私が探し求めていた一撃でした。先生はいつもこう言っていました。「ある日それは起きるでしょうし、いつどのように起きても、それは自分の教えとあなたの学びを称えるものでしょう」と。

どちらも一言も発しませんでした。しかしその時、先生は心から私の打撃が素晴らしいと認めたために、先生の顔に喜びがパッと弾けるのが見えました。先生は真摯に私を祝し、続けて、「よくここまで上達しましたね」と言いました。

第13条 水のごとく存在する Being Like Water
――流れとともに行け Go with the Flow

私はさらに、もう一つ別の教えがすぐ手の届くところにあることが分かりました。流れとともに行く際、自身の人生における成功でも他の誰かの成功でも認めるべきです。成功を受け入れることでそこに参与し、調和してその一部となるのです。そうやって柔らかく、自我を無くし、自然に（水のように、流れるように、常に変化しながら）進むのです。

知らなかったのは、まだ訪れていないもう一つ別の祝福があることでした。しかしそれを知るまでは、まだ待つ必要がありました（これは本書の結論で明かすことにします）。

私は「水のごとく」という格言を、道場の外で自分のする全てを指し照らす灯りにしました。努力が必要な仕事をやり遂げたり、難しい人間関係や個人間の争いを処理したり、すでに楽しい状況をさらに高めたりする時など、水ごとくあることを忘れないと、生活がより易しくより幸せになりました。

特に難しかったある対人関係のことを思い出します。そこでは地域のグループが絡んでいて、そのメンバーがある強力な政治的意図を巡って分裂していました。グループの半分は、組織の主要メンバーの一人を排除しようとしていて、もう半分は彼の地位を存続させようとしていました。私はその地域では新参者であり、そのグループでも同様でした。もちろんどちらの派閥も、その戦いにおいて私を自分たちの側へ引き入れようと一生懸命働きかけてきました。

ただ、私の目標はどちらの同盟の目標とも違っていました。結果として、誰かが自分たちの側に私を引き入れようとしている時はいつでも、私は柔軟になり、操ろうとする周りを漂い、好機が訪れれば優しく自分の意見を声に出しました。

水の偉大な性質とは、どんな環境や状況にも適合するよう姿を変えつつ、全くそれそのもののままでずっといられる点です。水の教義は、私がいる必要のあるところに居させてくれると信じました。

今や彼らの分裂の焦点となっている人物を超えて広がっている、お互いへの憎しみに束縛されるのを避けるために、私はそのグループの中でほとんど透明にならなければならない機会が何度もありました。激しさを増す間もできる限り液体のままでいることで、激しくなる会話の周りを漂うことができました。そしてできる時にはいつでも、その会話をより柔らかく、より明るく導けました。それ以外の時は静かに思案しているのが一番であり、何かにこだわったり、個人的に何かを受け入れることはしませんでした。

とうとう論争の的になっているメンバーが自身の決意を取り下げたので、他の人たちが操ろうとするのに屈服しなくてもよいことが分かりました。私は自由に考える人として、客観的で透き通った心を維持しながら、それでいて自分の周りの人の和に十分に参加できました。

流れとともに行くことの証として気に入っているものの一つは、満足いくところへと自分を導いた出来事を辿ることです。あなたに喜びや幸せをもたらしたことについて、これを強く勧めます。出来事を辿って一旦点と点を結び付け始めたら、人生に出入りしながら漂い流れる様々な状況や人々の多くが最終的にあなたに幸せをもたらすものに統合されることが分かるでしょう。

ある一つの例が私の頭に去来します。それは、近い将来に別の仕事があるわけでもないのに退職した友人に関するものです。彼女は曲がり角の先に何が待ち構えているか分かりませんでしたが、人生は彼女がいるべきところへ彼女を導くだろうと信じていました。彼女はリラックスして芯を保ちながら、ある仕事へ就く可能性から別の仕事の可能性へと漂いました。その後すぐに、彼女は新しい職を見つけました。それは結局、刺激的で自分を高められるキャリアとなりました。

この過程を信じましょう。最初は難しいかもしれませんが、自分の人生におけるこうした動きに気付くようになるほど、ますます恐れず優雅に生きることを学ぶでしょう。

人生はまさに道場と同じく、数多くの成功とともに必ず失敗があります。流れとともに行くことを実践しましょう。そうすれば、協力と目標のどちらも最大のものを獲得できるでしょう。今に在ること、自信を持つこと、自然に任せること、そして自由であることです。

要するに、水のごとくあることです。

瞑想 Meditation

水よりも柔らかく弱いものはこの世にない。
しかし、堅くて強いものを攻めるには、水以外にない！
水の代わりになるものは何もないからだ。（『道徳経』第78章）

——老子（古代中国の思想家・道家の祖の一人、生没年不祥）

できる限りたくさん水の特徴を思い浮かべて、ノートか日誌に一覧にして書き留めましょう。

そうしたら、そこから一つ取り上げて、ある葛藤を抱えた状況やある楽しい状況に対して、それぞれの状況の結果がより良くなるように、その水の特徴を使う様子を想像してみましょう（本書のこれまでの武術的な概念も**全部使います**）。

こうした水の特質を（一つ）日常的な仕事に用

いてみましょう。何が起こるか見てください。
そうしたら、また次なる特徴の一つも試してみましょう。

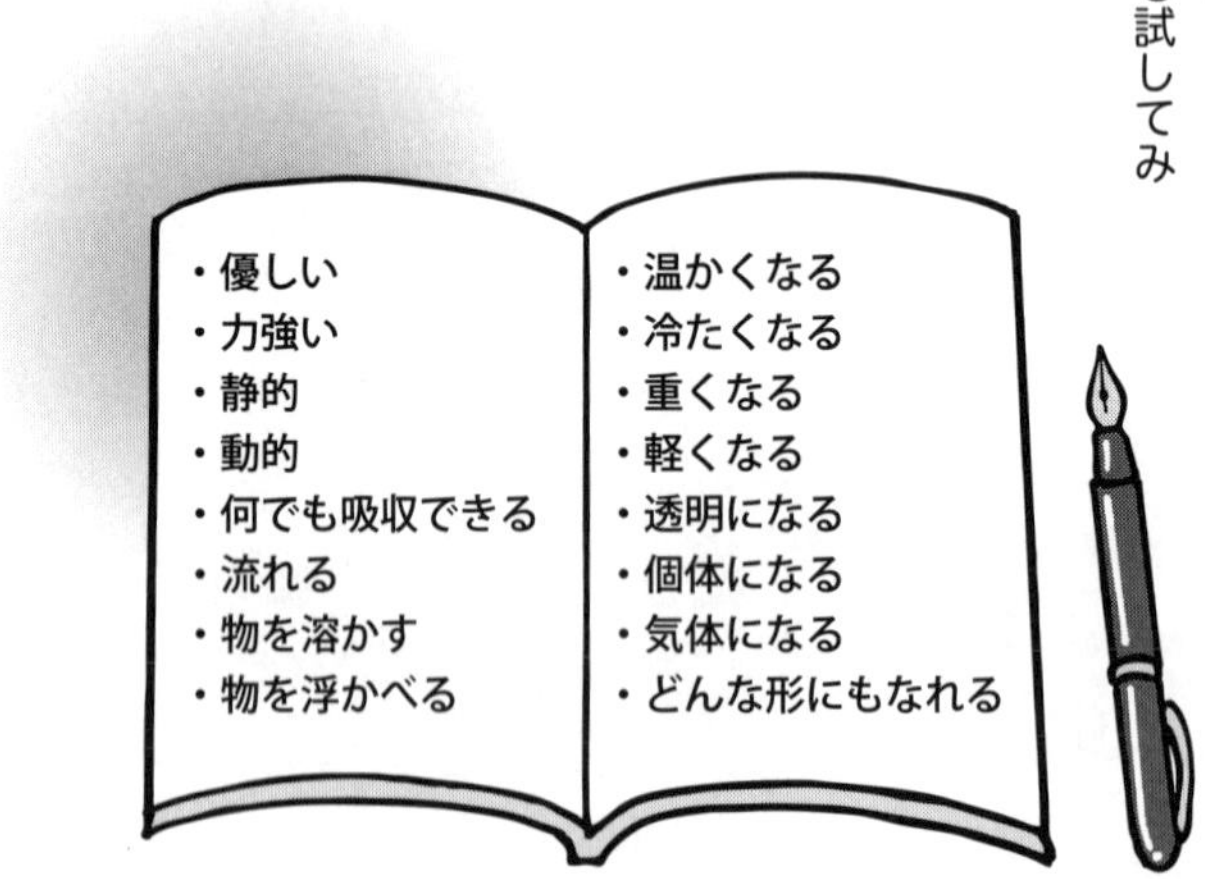

・優しい
・力強い
・静的
・動的
・何でも吸収できる
・流れる
・物を溶かす
・物を浮かべる
・温かくなる
・冷たくなる
・重くなる
・軽くなる
・透明になる
・個体になる
・気体になる
・どんな形にもなれる

決意 Resolutions

☆今日、私は身体と魂を、水のように形のないままにするようにします。自分が入るところの形が何であれ、その形になるようにします。

☆今日、私はできる時はいつでも、最も抵抗の少ない道程を選びます。

☆今日、私は意識を下に沈ませて、その有利な地点から事を為します。

☆今日、私は力ずくで何かをしないようにします。

☆今日、私は調和とは力を生み出す意味だということを忘れないようにします。

☆今日、私は習ってきたことを全て手放し、必要が生じれば自然に（習ったことが）自分の中から湧き出てくると信じます。

☆今日、私は平穏な湖のように心を穏やかに保ち、心の湖に去来する全てを映し、湖面に浮かばせるようにします。

☆今日、私は私にとって何が正しくて何が悪いかを決めるのは私しかできないこと、他の誰にもできないことを忘れないようにします。

☆今日、私は概念は生活上の活動に転じられる必要があり、そうでなければ無用の考えだということを忘れないようにします。

☆今日、私は自分の外にある力に従う際、自分は神とともに在ることを忘れないようにします。

Living Creatively

Follow Your Bliss

第14条

創造的に生きる

喜びに従え

喜びというものは、まさしく自己である。
喜びと自己は別々に分けられるものではなく、
一つ同じものである。
それだけは間違いない。

――シュリー・ラマナ・マハルシ（1879〜1950）
インドの聖者

創造的に生きることは、自分が誰かということに目覚めて意識している人生に近づくことであり、他者への深い尊敬と慈悲心を維持することでもあります。それは、完全にこの瞬間を幸せに自由に生きることです。

それは、直面するものを絶えず心配して毎朝目を覚まし、決められた通りの動作を渋々繰り返し、一日の終わりに自宅へ帰って眠気を誘う方法を探すという、終わりのない循環に取って代わるものです。

創造的に生きることは、自分に開かれたいくつもの選択肢や、思いもよらない多くの場所に行くことを前にして、毎朝心躍らせて起き上がるようなものです。それは、凪《なぎ》の中を浮かんで進む強さや、時化《しけ》がより楽しくさえなるようなエナジーを集めるようなものです。それは、不安やストレスが続く時間を最小限に抑えるようなものです。それは、良い仕事をしてバランスを保つようなものです。それは、私たち自身と世界を変えるようなものです。

創造的に生きるようにし始めれば、私たちは平和と静穏という原初的な状態へと立ち返り、喜びに従います。私たちはより自然に自分を表現し始め、自分の人生や周りの人々の人生に変化をもたらします。私たちは信頼に満ちています。楽観的で率直で感謝に満ちるようになります。私たちの本性に従ってシンプルに生きます。私たちの仕事は、全てと調和する芸術へと変わります。私たちは、あらゆるものの一部を感じようと、あらゆるものの中の神を知ろうと努めます。

武術は、自分で自分に力を与える哲学的なスキルを養えるものです。そのスキルは、条件を問わず自由に、自分の最大の可能性を手に入れ、できる限り創造的に人生を送れるものです。数ある達成段階は、伝統的に白から黒までの範囲の異なる色の帯で印されます。

本書で示した各章は、この達成の旅すがら、あなたにお供するのを意図しています。人生の黒帯まで上達していく中で、帯の色という観点から、達成の程度を印していくことをお勧めします。


この術の上級段階に達するにつれて、武術が単に闘いに関するものというよりも、生きることに関するものということを学びます。武術は神話あるいは人生訓話の完成されたシステムであり、これを用いれば、私たちが一体となってそれぞれの人生から最大限のものを引き出せます。

一旦このことを理解すると、私たちの探求は人生の喜びや歓喜に向けた旅となり、他の生物とともに生きる生物であることがいかに素晴らしいかを、口先だけなく充実して経験します。

私たちは内面的に強くなるために哲学を用い、できる時はいつでも生活から葛藤や不安

帯の色	達成段階
白帯	人生でもっと多くのものを得たい、達成する努力をしたいと思う。
黄帯	達成したいと望むものを手に入れるのに、有効な技法があることを発見する。
橙帯	そうした技法を一つずつ学ぶ。
紫帯	欲しいものが得られるという期待のもとに、こうした技法を応用し始める。
青帯	生きている瞬間瞬間に参加することで、あらゆる技法は一緒に解け合うことが分かる。
緑帯	そうした技法は人生の全てとの調和を生み出すために意図されているのであって、征服したり傷付けようとするためではないことを理解する。
茶帯	技法という観点で考えるのを止めて、物事の自然な秩序を妨げないようにしつつ、人生において成すべきことに従ってただ進む。
黒帯	何もしないばかりか、期待さえもしないで生きることを学ぶ。

を洗い落とします。一体性を求めつつ、鍛えられた魂が日常生活の中で目に見える形《かたち》で現れるようにします。私たちは拒絶を恐れず、本当の自分を表現するのを好み、他者にも同じような力を持たせます。

私たちは、全ての稽古の要点は自分を制限する力を打ち破る準備だったことに気付きます。今までに直面した最大の戦いは（最初からそのために稽古をしてきたそれは）、自分が今ある、あるいはあり得る全ての姿から自分を遠ざけてきた、自分の中にある力に抗することだと理解します。そうして、学んだことを最大限に活用して、「自我という龍を退治する」でしょう。

自我を無くすことで、高次の意識という意味での本当の意識が、想像を超えて広大で生き生きしていることを理解します。一旦目が覚めれば、眠りに戻ることはありません。こうして私たちは、内的な自己を知るのです。**私たちこそが、内的な自己**なのです。

さて、こうして自分が誰かということを十分に意識すると、生きている瞬間瞬間の限りない創造の可能性を受け入れます。焦点は、**武術における芸術性**に移ります。このように、**創造的に生きること**へと向かう武術の旅、生活全ての中で真の自分でいることの美しさを祝福することへの旅が始まるのです。

芸術は人生になります。それは完全に受け入れられ、表明されるものです。人生が芸術になるのです。

することには何でも積極的に参加しましょう。喜びに従いましょう。生きていることを感じ、自身の選択肢を創造していくことは重要です。ひたすら参加し続けるのです。

何年もの間、多くの武友たちが私に話してきたことは、自分たちが稽古しているものが哲学を求めるものでなければ、人生の障害物を乗り越えられなかっただろうということです。それは、失業や家族の終末期の緩和ケアや別離や、あらゆる種類の意見の相違といったものです。ただ、喜びが増したという話もたくさん聞きます。それは人間関係や健康や色んな段階の人間的な成長といった話です。

こうした日々の勝利を支える柱は、内的な生活と外的な生活を調和させる能力と、神と同質の魂を育むことにあります。今ここから漂うとなれば、積極的に参加し、ごく自然に、栄養を与え栄養を受け取ります。強さと癒しは、求めずともやってくるでしょう。

ただ喜びに従い続けましょう。私に関していえば、焦点が戦闘から美学へと移るにつれて、術の動きを瞑想として用い始めました。それはあらゆる予想を超えて、私の魂を照らしました。かつて私の先生は、興味のこうした段階は、護身という目的を超えて武術を探求する多くの人によく見られると私に言っていました。

「ある日、目的は術の美を練ることだということが分かります」と先生は言いました。

私は、この稽古の局面を大いに楽しみました。もはや単に術の実戦性を遊んでいるのではなく、しばらくの間探し続けていた美を構築するためにそれを使っていると感じました。調和から美が生まれ、美から調和が生まれるということを、私は理解し始めました。

すると突然、大きなひらめきがありました。生活のどんな動きの中にも美があり、それと自覚的に結び付く感覚を経験できたのです。道を歩くことでも、電話で話すことでも、木を切ることでも、丸太を積むことでも、ジョギングすることでも、どんなことでも美を構築できました。私は生活の動き全てが形《かた》（おそらく最高レベルの形《かた》）であることを理解しました。

喜びに従いましょう。意識的に芯から生きることを選んでください。生きている興奮が、あなたの中からあふれ出るようにしてください。瞬間瞬間を漂いながら、人生の最高傑作を生み出してください。

喜びに従いましょう。あなた自身の芯へと深く沈み込んでいくことで、思考を介さずに意識を経験してください。**それは気付きによって照らされた直観であり、最も深いところ**

のあなた自身です。この意識であなたを導きましょう。それとともに成長し変化するのです。そこから動く限り、喜びを知ることができるでしょう。それがあなたを照らすようにしてください。

一旦喜びを見つけたら、それとのつながりを失わないようにしましょう。毎日、短い時間（30分かそこら）でも邪魔されずにいられる神聖な空間を創ってください。あなたの感受性で自己に耳を傾け、そこから出てくるものを信頼してください。こうした経験を日常生活に持ち帰りましょう。自己がある場所を軸に漂うのです。自己に従うのです。環境のあらゆるものや人とますます自発的かつ活発につながりながら、あなたが無常の世界をどのように生き始めるのかを見てください。

その上で、生と意識という贈り物に感謝しながら、自分自身を大切にしなければなりません。自分自身を第一に、できる限り生を経験し受け入れ、その生が私たちの中に変化と成長をもたらすことで、私たちは世界をより良いところにします。私たちが世界に返せる最大の贈り物の一つは、気付きを言葉にできる、人間に特有の十分に発達した声を持っていることです。

良い行いをしましょう。善を自身に流し込み、翻って他者へも流し込んでください。ポジティブに思考し、あなたのいる空間を良いエナジーで満たしてください。

どんな場合でも健やかでいましょう。あなたが喜びに満ちていれば、ただ善の持つ美しさゆえに善を成したいと思うでしょう。人はポジティブなエナジーに引っぱられます。それが協力というものです。あなたがしっかり芯を持っていれば、見返りを期待することなく、ポジティブなエナジーを分け合うでしょう。

喜びは、得てしてバランスが保たれたところから漂い出てくるものです。もしバランスを求めるなら、喜びを辿ってみましょう。

変化を恐れてはいけません。人は変化しますし、その人のエナジーも変化します。創造的に生きることは、人生の変化という芸術作品の作り方を学ぶことです。

人生でも道場でも、変化に対応する鍵は同じエナジーの衝突を避けることです。一つ例を挙げると、陽（固さ、充実、活動、生産）と陰（柔らかさ、空虚、非活動、再生産）を調和し、方向を変えることが良いです。エナジーが自然に流れるようにすれば、互いに反する一方の力は、やがて他方の力となるでしょう。柔らかさは固さとなるでしょうし、固さも柔らかさになるでしょう。活動は休息し、休息は活動に変わるでしょう。知は無知となるでしょう。無知は知となるでしょう。これが人生の循環です。
ただ喜びに従ってください。喜びは原初であり、自然です。それはあなたそのものです。

人生に参加し、創造的に生きましょう。あなたの自己となりましょう。善いエナジーは伝播しやすいことを覚えておきましょう。それに向かって引き寄せられましょう。善行をなしましょう。美を作りましょう。漂い続けましょう。喜びに従いましょう。

瞑想

Meditation

地は我が母である。
天は我が父である。
つまり私は宇宙の愛の子なのだ。

——バーバラ・デ・アンジェリス（1951〜）
アメリカ合衆国の著述家・心理学者

自分の芯を感じ、意識を下の方へ沈めてください。一緒にいて心地良く感じる誰かと話している様子をイメージしてください。その人物について、あなたの気分を良くしたり、会話が自然にそこに引き寄せられる特質をよく考えてみてください。芯を感じたままでいます。その特質を褒める機会が生じれば、そうしてください。その機会が、あなたの最も内なる自己から生じるようにしましょう。

芯を感じたまま、日頃は表面化しないけどこうした状況で直観的に正しいと感じるあなた自身の中の何かが、親密な関係の中に顕れるようにするのです。これがあなたの人間関係をどんな新しいところに連れていってくれるのか見てください。

この原理を日々の仕事に用いましょう。可能性を享受しましょう。

別バージョン

あなたの家の中に神聖な空間を創ってください。一日15分から30分、邪魔されずにいられるところならどこでも良いです。特別に上等なところである必要はありません。要するに、静けさとプライバシーを保障する場所を作ることです。望むなら、お気に入りの音楽をかけたり、ロウソクを灯したり、お香を焚いたり、芸術作品を置いたり

してください。それで気分が良くなる限り、どんどんそうしてください。もしそうした空間がない場合は、屋外でも屋内でも良いので、快適で心地良い、自宅以外のどこかを試してみてください。

ここでの要点は、一日の中であなたから何かを吸い取ろうとするあらゆる物事からあなたを遠ざけ、しばらくの間そうした物事が入ってこないように、あなたに扉を閉めさせることです。

この空間に入って、自分がありのままに存在するようにします。思考を静め、芯を感じるのに数分かかるかもしれません。でもその過程を信じてください。どんな考えも、判断することなく心から浮かび出るままにしましょう。意識を沈め、ひたすら待ちます。何が出てくるか観察してください。必要なものは、この瞬間にあなたのところにやってくると信じてください。

あなたが分かっていることと他者があなたに求めることの関係に気付きましょう。両者は同じかもしれないし違うかもしれません。その情報を、より良い選択の助けとしてください。

もう一つの別バージョン

あなたが葛藤を抱えている誰かを念頭に置いてください。その人が出しているエナジーが陰か陽かを決めてください。そのエナジーと反対のエナジーを適切に動かしてそれに合わせることで、その人物と調和するイメージをしましょう。なお、鍵は調和し続けることであって、関係を壊すことではないことは覚えておいてください。

次に、その人物がエナジーを出し尽くすのに必要な時間を全て与える様子を想像してください。

そうしたら、それとは反対の新たなエナジーを適切に動かして、それに合わせる様子をイメージしてください。

もし必要なら、変化の中に入ってその変化に影響を及ぼすイメージをしても良いでしょう。あるいは、もし事態がすでに好ましい方向に向かっていたら、それが実現するようにエナジーの新しい流れを維持するイメージをしてください。

決意
Resolutions

☆今日、私は神聖な空間を創り、そこで自分の芯を感じて過ごします。

☆今日、私はあらゆる物事が潜在的に持つ変化に敏感でいて、私の人生も変化や可能性に寛容であることを忘れないようにします。

☆今日、私は意識を沈め、その有利なところからできるだけ多くのことを試みます。

☆今日、私は自分の人生を目覚めさせ、自分が誰かということを意識するように心がけます。

☆今日、私は他者がその人自身の問題を解決するのに必要な場所と支援を与えます。

☆今日、私は日常的に出会う全ての人と、自信を持って楽観的に接します。

☆今日、私は葛藤に対応する時、別の選択肢の重要性を認識します。

☆今日、私は何の見返りも期待せずに、善行をなします。

☆今日、私は正しい時に適切なエナジーを調和させます。

☆今日、私は自分があらゆる物事につながることを讃えます。

☆今日、私はあらゆる物事の中にある神を讃えます。

☆今日、私は私自身の中にある神を讃えます。

Cultivating Spirituality

Seek Enlightenment

第15条

スピリチュアリティを養う

悟りを求めよ

**魂がその創られた性質を脱ぎ去る時、
そこには、その創られたものではない原型が、
輝きを放つ。**

——マイスター・エックハルト（1260頃〜1328頃）
中世ドイツのキリスト教神学者

偉大なスピリチュアルの導師であり心理学者であるラム・ダスは、人間であることの逆説についてこう書いています。

「私たちはスピリチュアルな経験をする人間的な存在ではありません。私たちは、人間的な経験をするスピリチュアルな存在なのです」

第15条 スピリチュアリティを養う Cultivating Spirituality
――悟りを求めよ Seek Enlightenment

私たちは、とても速いペースで変化する社会に生きているので、ほとんど魂を育てることに注意を払う余裕のないことが多いです。しかし、個人個人として(また国民全体として)私たちに真の力をもたらし、幸せやあらゆる物事との結び付きなどをもたらすのは、魂を養い解放することなのです。

武術による素晴らしい贈り物の一つは、究極的に私たちをスピリチュアリティの新しい段階へと導くことです。私たちの習ったあらゆることは、この目的地へと結び付いています。それは、約1500年前に達磨が少林寺の僧たちに武術を紹介して以来、ずっと武術の最高の目的であり続けたこと、つまり**悟りを求める**ということです。

しかし、悟りとは何でしょうか？

稽古において悟りという考えは常に存在します。そのため、それはどんなものなのか、それを経験する日はいつやってくるのかと思うのは普通のことです。それは、無くした車の鍵のように、探しに行けるものではありません。ですから、とにかくあらゆる正しいことを行い、過程を信じて、ただ漂い続けるしかありません。

するとある日、何かが起こります。あなたのまさに芯の部分に揺れを感じ、それがあなたの外にある何かからやってきたのだと分かります。生まれてからずっとあなたとともにあった力がここにあることを発見し、その力はあなたの行う全てを手助けすることで、表に現れてきます。

何年か前に先生は、ちょうど下丹田の前で両手を抱えていると手と手の間に気を感じられるように、腕や脚の数インチ【訳注▽1インチ＝約2・5センチ】上を手でなぞっていると気が外へ出てくるのを感じられることを私に理解させようとしていました。

「下丹田なら、よりはっきりしています。なぜなら、そこは身体の中で気の集まる主要な場所だからです」と先生は説明しました。**「ただ実際は、こうして手でなぞっていると、あなたのあらゆるところから気の放射を感じられます」**と先生は付け加えました。

先生の考えの多くがそうですが、その考えが私を惹き付けるかどうか知るために、網を放ったのでした。もし惹き付けたなら、その後私たちはそれについて話すのですが、

私は一旦そのことをよく考える時間をもらいました。

その後、ほとんど予想していない時にそれは起こりました。木人《もくじん》（クンフーの伝統的訓練装置。上段二本と中段一本の三つの腕と一つの脚がついていて、近距離での戦闘技法を養う）で素早く動く練習をしていた時です。普段よりもずっと長く練習していたことを覚えています。私の腕は疲れ果て、ズキズキしていました。本当にもうそれ以上続けられるようには思えませんでした。

私は、心が強烈に静まった状態になりました。**意識は自然に沈み込み、**呼吸は速まるところか、むしろゆっくりとなりました。反射的かつ芯から、気が手足、特に腕に巡るのを感じました。突然疲れをまったく感じなくなり、その代わり、まったく努力せずとも動きの回転数を上げられました。それはまるで、私のオーラで木人の樫の腕を感じられる、あるいは、私の腕が意識の光でできているようでした。

さらに、自分を超越したところにあるエナジーが私のエナジーに注がれているように感じました。それは、自分に栄養を与えてくれたり、怪我から守ってくれたりもする、力の源へ入る（または力の源から得る）ようでした。

それは最初、まったく自動的に感じましたが、じきにそうしたいと思うことでこのエナジーを方向付けられることが分かりました。私の武のスキルを全て用いて、自分の上と下(天と地)から同時にエナジーを引き込むのです。

その経験は力強く、生き生きとしていました。その時のように現実的で否定しがたいものを感じることは、あなたのスピリチュアルな探究の旅をより深めるでしょう。これが武術の道です。こうした経験によって、多くのことにどんどん貪欲になるでしょう。

その日の経験(最初の経験)は、私に取って荘厳でした。骨や筋肉や私の栄養となる化学反応の力を超えた力を感じました。そして一旦それを感じると、忘れることはありません。それでもって他に何ができるのか、好奇心を持つようになります。

各人の突破経験はそれぞれ違います。ただ、要は我慢強く待ち続けることです。あなたのすべきことは、稽古して自分のスキルを信じて、そうした経験を生活に引き入れていくことです。それはやってきます。やってきた時には、すぐにそれと分かるでしょう。

一旦魂を経験し始めたら、どのようにしてそこに辿り着いたかを忘れないでください。私に関していえば、次に稽古した時に、そこへの戻り方を見つけなければなりませんでした。この時、私は別の道筋を試しました。それは形《かた》でした。私が見つけたのは、動きと姿勢が気とその流れを促すことでした。その上、身体の数インチ外まで気を広げられることを発見しました。

これは考える必要のないことでした。私はただ、世界で最も自然なことのように、それを始めました。それは心拍のように無意識的、無意図的でした。その時から、私たち一人一人の内側にははっきり分かるエナジーがあり、それは本能的に私たちの外へ向かって流れ出ることを理解しました。

気を拡張する感覚は、何となくでしか言葉にできません。それは、意識を下丹田から前面に投じることで始まります。下丹田を起点に無の空間へ、同時に完全に張り詰めた有の空間へと流れ込んでいきます。それは、完全なる快の状態です。

これを電気的な球体の動きとして心に描くことは、関心をそそられます。**電流、供給、接続、接地**など、こうした経験を表現する言葉は、しばしば電気の動きと結び付いているからです。

しかしこれでは、その経験や理解を制限することにしかならないでしょう。私たちは魂を経験する時はいつでも、すでに言葉を超えていますが、それは私たちの理解力のせいではありません。子猫の喉を鳴らす音の意味を、誰が全て言葉にできましょうか。言葉は経験に対して十分ではありません。しかし、私たちの身体は、その経験が意味するところを正確に知っています。だからこそ、魂の経験は気とともにあるのです。ただ、言葉を要しない深いところにある意識は、魂を完全に理解できます。

気を広げる実験を始めて数ヶ月後、スピリチュアリティについて先生に再び質問しました。私は自分が、大半の実践者は話すことさえない（少なくとも友人の中で話す人はほとんどいない）武術のある領域に入りつつあると感じていました。先生がどのように反応するか、私は分かりませんでした。しかし先生は、「私のスキルがあなたの関心をこの段階まで導いたことが嬉しい」と言いました。

「要するに、これは武術とは何かということの始まりです」と先生は言いました。

先生は、魂へ導く手段として形《かた》を用い続けることを私に奨励しました。まるで宇宙の中で唯一動いているものであるようにイメージして、一つ一つの形《かた》を稽古するように言いました。

「どのポーズも祭事だと思うようにしなさい。それが導くところはどこへでも行きなさい」と先生は言いました。

また、背骨に沿って位置する7つのチャクラ（精神的な中枢群）の場所を説明してくれました。

心の中に必要なことの目録を作り、それぞれに関するチャクラを刺激する（マッサージする）ために、武術の制御された呼吸法を用いるよう、先生は私に奨めました。例えば、もっと攻める気持ちの必要性を感じたら、呼吸を使って太陽神経叢にあるチャクラを温めることができるでしょう。

「別のレベルでは、エナジーを投じて外に送り出したり、あなたの外にある何らかの源泉からエナジーを受け取るために、チャクラのある場所を使えます」と先生は説明しました。

私は、気を広げる能力を自動的に増幅できる状況があり、その状況から学べることを知りました。道場では、こうしたことはしばしば組手中に起こります。そういう時は心が鋭敏になっているために、相手がまだ何もせず、まだあなたから5フィート【訳注▽約1・5メートル】も離れているのに、すでにその相手の動きを見て、受けて反撃してしまっています。あなたは、相手が事を成し遂げる前に、極めて的確な動きを自動的に行うという

7つのチャクラ（精神的な中枢）

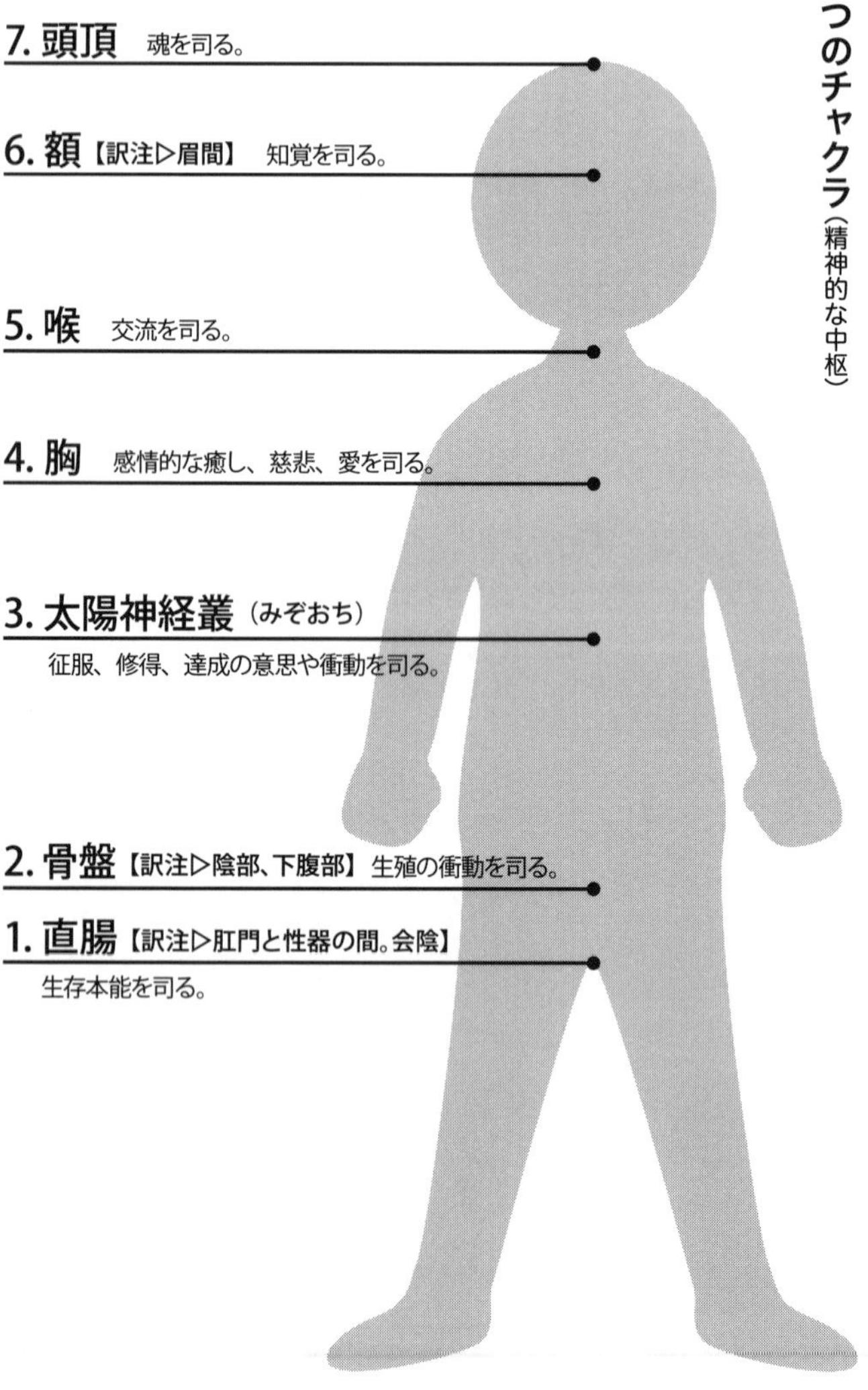
7. 頭頂　魂を司る。
6. 額【訳注▷眉間】　知覚を司る。
5. 喉　交流を司る。
4. 胸　感情的な癒し、慈悲、愛を司る。
3. 太陽神経叢（みぞおち）
征服、修得、達成の意思や衝動を司る。
2. 骨盤【訳注▷陰部、下腹部】生殖の衝動を司る。
1. 直腸【訳注▷肛門と性器の間。会陰】
生存本能を司る。

ことです。

同じようなことは日常生活でも起きます。今まで、誰かのことを強く心に思ったことはありますか？　特に、その根底の理由が情緒的なものの時です。そういう時、その後すぐにその人から、（例えば、手紙や電話などで）便りが届いたことはありますか？　よくある返事は、「ああ、ちょうどあなたのことを思っていたところでした」とか「最近あなたのことをたくさん思っていました」といったものです。

今まで、誰かのことを見ていて、まるであなたの眼差しを感じたかのようにその人が振り返ったことはありますか？　その相手はおそらく、**実際にあなたを、もう少し正確にいえば、あなたの気を感じたのでしょう。**

木人との出会いと同じように、そうした感覚が起こった時に心と身体と魂で経験したことを具体的に描けば、あなたの中のエナジーの動きを意図的に反復したり、もっと良いのは、それを自動化する方法を知るでしょう。もちろんこれは、生活の中で望むどんな領域にも気を広げたり、そこから気を受け取る能力を高めることです。

同じように気を広げたり受け取ったりする過程を促進するために、できることは他にもあります。

・こうした機能にとって、沈むということは本質的なことです。肺をコントロールすること（呼吸の際、肺の中の空気に極めて敏感になること）は、あなたの焦点を絞る手助けになり、より滑らかに沈めるでしょう。

・もし碇を持てるなら、さらに素早く沈めるでしょう。それは、下丹田に（あるいは息を向けたいところならどこでも）手を当てることから、小さな光球が身体中を動く様子を想像したり、指先でその場所を軽く叩くことまで、何でも良いです。あるいは、『どこでもすぐにリラックス』（春秋社）【訳注▽原題『How to Calm Down』(Grand Central Publishing)】の著者フレッド・L・ミラーに言わせれば、まさに「エレベーターに乗って降りる」です。

・息を使っていずれかのチャクラを刺激し、その場所から豊かなエナジーを身体の各領域へと送れます。場所は必要に応じて選びます。

・さらに下丹田からと同様に、チャクラのいずれかもしくは全てから、特定のエナジーや意識を動かし、投じ、受け取り、分け合う能力を私たちは持っています。チャクラは、宇宙のあらゆるものと通じる特別な言語だと思ってください。

私たちは、**自分が何者なのか（人間生活を送ろうとしている魂であること）を見失うことの多い社会に生きているかもしれません。**しかし良い話としては、私たちのスピリチュアリティも、そこから引き出される力や幸福も、当然ながら私たち以外の何かあるいは誰かに依存してはいないということです。

最近、私は自宅近くの山道をジョギングしました。そこで目を閉じて深く呼吸し、意識を沈めました。そして、特に胸のチャクラに注意を向けました。というのも、この特別なエナジー（あるいは言語、意識）は、自分を取り囲む環境の全てと通じるために必要だったからです。手足の全てから気を引き込み、自分の芯につながるそのチャクラを温めました。私の胸は高くて澄んだエナジーでふくれ、それを沈め、そして広げました。

さてそれでは、私たちが悟りと呼ぶものは何でしょうか。

もちろん、それは言葉を超えています。ただ、感じたり分かったりすることは超えていません。それは、存在することについての選び抜かれた経験です。私たちは皆そこに生まれ、そこに帰る力を持っています。

自分自身の芯を感じましょう。座る時も、歩く時も、何かする時も。あなたがどこにいようとも、悟りはまさしくあなたとともにあります。それを経験しましょう。目に見えるもの、目に見えないもの、全ての静けさと沈黙に耳を傾けましょう。それを気（chi、ki）あるいはプラーナ【訳注▽サンスクリット語で呼吸の意。気、気息】と呼んでも良いでしょう。神と呼んでも良いでしょう。何と呼ぼうと、それに触れましょう。それと交わりましょう。

あなたは、あなたの見つけるものに大いに喜びを感じるでしょう。

瞑想 Meditation

無限の空間に散らばる全宇宙そのものが、悟りへと変わる。

——道元（1200～1253）日本曹洞宗の開祖

次に示す瞑想は、スピリチュアルなエナジーと気付きを高められます。それは、静かにあるいは動きながら行えます。つまり、座りながら、歩きながら、走りながら、庭の手入れをしながら、などです。あなたが選んでください。

まず、リラックスすることから始めてください。そうしたら、芯を感じて意識を下の方へ沈めてください。鼻から息を吸います。胸のチャクラに集中してください。そこは、関係性、愛、癒し、慈悲を司っているところです。

意識を沈めながら、吸気の流れでそのチャクラを刺激してください。

エナジーで胸が満たされるのを感じてくださ い。意識を周りの環境に投じ、特に方向を決めずにこのエナジーを（単純に外側の環境へ）導きましょう。反応が感じられるのを待ちます。あなたに備わったこの智慧を、日常生活に持ち込んでみましょう。

別バージョン

周りの環境にある物理的なものでもスピリチュアルなものでも、何か特定のものにこのエナジーを投じてみてください。反応が感じられるのを待ちます。あなたに備わったこの智慧を、日常生活に持ち込んでみましょう。

決意

Resolutions

☆今日、私は自分の魂の声に耳を傾けます。

☆今日、私は生まれてからずっと自分の中にある平静さに、敏感になります。

☆今日、私はエナジーが活きるよう、現在に生きます。

☆今日、私は日に見えるもの、見えないもの、全てのものと、そして神と、意識を共有する喜びと温かみに浴します。

☆今日、私はあらゆるものと人に宿る神聖な存在を感じます。

☆今日、私はあらゆることが可能だと分かって生きます。

Conclusion

結論

人間の命は循環する、
幼き頃から幼き頃へ。
そしてあらゆるものの中で、
力は動く。

——ブラック・エルク（1865〜1950）
オガララ・スー族の呪術師

私が先生を「どうにか捕まえよう」としていた約一ヶ月後に、予想もしない祝福が訪れました。先生は数週間の留守から帰ってきた時、私の黒帯昇段審査を決めました。それは暑くて日差しの強い八月の午後のことであり、審査は長く苦しいものでした。私は基本的なものから応用的なものまで、形《かた》、練習法、技術を次々に行いました。水を飲む暇さえありませんでした。というのも、全てのスキルと考えを吟味するまで、審査は終わらなかったからです。

審査をやり遂げられないかもしれないと思う瞬間が何度もありました。時々、暑さと疲労から気絶しそうに感じました。やり終えるエナジーを見つけるために、今まで以上に自身の内奥まで到達しなければならなかったことを覚えています。

武術を通して経験した多くのことと同様に、この審査が、ある理由のために取り組んできた活動の一つの結論であると思うと、全く他の理由が必要となりました。護身術の訓練として始めたことが、結局、最も深い自己へ向かう旅や、想像できなかったウェルビーイングとスピリチュアリティへ向かう旅になりました。戦闘の練習として始めたことが、結局、身体と感情と魂の歓喜を経験するよう、私を鍛えることになりました。

私の審査が終わった時、先生は私に目を閉じて、最も長くて美しい形《かた》をイメージするように言いました。それは、私が何千回も稽古してきたもので、何年にも渡って多くのエナジーをもらったものでした。頭の中で動きを通して飛び回っていると、先生は私に両手を前に出すように言いました。先生はちょっと間を空けて私の両手の上に黒帯を置き、目を開けるように言いました。それはそこにありました。私の手の中で、帯は魔法のように魅惑的に感じました。

武術における私の最初の一巡りがこれで完了しました。残りの人生を通して私を育む上質の気付きの中へ、私は生まれ変わりました。

ただ、どんな始まりや誕生にも終わりがあり、どんな終わりにも再生があります。一方を他方と調和させることで、私たちはある瞬間から次の瞬間へと流れ続けます。そうして生き方を学ぶのと一緒に、武術家は死に方を学ばなければなりません。それは、変化し成長する機会が常に続く中で、人生が与える全ての死をどう迎えるかということです。

「夏と冬の巡りは一つの祝福となる。それは、永遠に春が続くという幻想を私たちが諦める瞬間である――。喜びとは散りゆく花なのであり、思い出とは残り香なのだ――。まるで気が付かないかのように、気付いて今ここに在ること――。それこそが知の高みだ」とブルース・リーは言いました。

始まりと終わりは隣り合わせに存在します。黒のすぐ隣は白です。これは、陰陽の切れ目なく続く循環です。両者の間にあるものは、私たちという存在の残り香です。

もちろん、黒帯をいただいたその日は、部分的には**お互い（私と先生）への祝福でもあ**

りました。それは、先生自身が新しい経験へ向かう道を示すものでもありました。先生が知識の入った自分のコップを空っぽにし、その結果として、私のコップが満たされました。先生のすべきことは、新しい経験と知識で自分のコップを再びいっぱいにすることでした。私のすべきことは、空っぽになるまで自分のコップを（他者と）共有することでした。

先生は私に、最高の生徒だったと話してくれました。それを象徴するために、何か特別なことをしたいと言いました。そこで先生は、何年も昔に授けられた黒帯を、私に譲ることを選びました。

私は恐れ多くも、光栄に思いました。

それから先生は、成長と変化（純粋さから経験

太極図に表されるように、陰と陽は切れ目なく循環するものである。

豊富さへ、そしてまた純粋さへ）の循環を美しく捉えた話を私にしてくれました。

伝統的には、黒帯というのは無かったのです。古の武術の達人たちは皆、白い帯を巻いていました。長年の経験と着用で、その白帯の厚い布が汚れてボロボロになり、最初の白の層がやがて黒へと変色しました。その「黒帯」は経験の証と見られるようになり、今日では、黒く染めた帯でそれを表しています。

しかし陰陽のように、さらなる経験と深い気付きを何年も重ねると、古の達人たちは黒い帯を少しずつ磨り減らしていきました。そして次の布の層、つまり再び白の層へとなりました。こうして、循環が再び始まる準備が整ったということです。

また伝統的に白と黒という対比的な色は、スピリチュアルな成長の到達具合を表しています。それは武術の究極的な目標です。このことを心に置きながら、本書を通した初めての旅を終えてその哲学を生活に応用してきた皆さんに、少しの間目を閉じて始めから終わりまでの道程をもう一度考えてみるようお勧めします。時間を取ってください。道すがら解き明かされた教えの全てと、その各々がどのようにあなたの経験の中に変換されたかを、ゆっくりと見直してみましょう。

各々の新しい考えは、過去の考えをどのように照らしたか、さらにあなたの過去と現在と未来にどのように活気を与えたかを思い出してください。これこそが武術の道です。私たちの旅は生涯続きます。その過程は相乗的です。

再び目を開けた時、胸のチャクラから発せられる豊かなエナジーを感じ、深く呼吸し、そのエナジーを周りの世界へ広げてください。しばしばそのエナジーを上手く活用しましょう。世界のあらゆる人々と物事にそれを伝えるのです。

私たちの旅は、個人の成長と変容の一つでした。あなたの哲学的な到達度は間違いなく黒帯レベルです。この意味で、私は新しいスタートに進むあなたの旅を祝福し、これまでの成果を認めて、**人生の黒帯**を授けたいと思います。

こうした古の智慧に向けて成長を続けるにあたって、他者と知識を共有することをお勧めします。つまり、あなたのコップを空っぽにし、新しい知識を注ぐ余地を作るということです。一巡りするごとに、あなたのスキルと魂はより高いところへ到達するでしょう。善いエナジーが善いエナジーを生じさせることを忘れないでください。

人生の黒帯を生きましょう。強さと熱意で世界と直面しましょう。世界とは何かを発見し続けましょう。宇宙の善を心に留めましょう。自分自身と他者に触れつつ、静穏と自信の中で生きましょう。最も真なる自己を表現し、最も深い夢を実現するために、心地良く、安全で、自由な感覚を持ちましょう。自発的で優しくありましょう。平和に、穏やかに、見識を持って生きましょう。すること全てに美を築きましょう。流れ続けましょう。

著者より日本の読者へのメッセージ

人生はまさに、流れ続ける川です。それは瞬間瞬間、決して同じには見えませんし、事実、常に変化し続けています。しかし同時に、人生は決して「全く」違うわけでもありません。仮に10年とか15年前の自分自身を振り返ってみたとしたら、確かにあなたはその時と同じ人物のままだと感じるでしょうし、もちろんそうなのです。しかし一方で、変化もしています。あなたは「全く」同じではありません。外見的には、いくぶん違って見えます。また、数多くの生物学的、心理学的変化も遂げています。あなたの栄養学的なパターンはもとより、思考・感情・理解（あるいは誤解）のパターン、人付き合い、遭遇した場所や物事、練ってきた実践などすべてが、エナジーという観点から、人生で気づくそうした違いを生み出します。哲学や科学の大家たちが語るように、私たちの心―身体―魂は常に進化していますし、この進化は人生における基本なのでしょう。

本書を最初に書いた時の自分を振り返ると、私はその時の人物のままだと思うわけですが、もちろん変化もしました。その違いは、私個人の物理的な、精神的な、スピリチュアルな旅で辿った道程の結果、生じたものです。

私があなたと分かち合いたいことは、人生の様々な状況で、マインドフルネスというエナジーが常に方向性を賢く見つける手助けをしてくれたことです。慈悲（コンパッション）のエナジーは、害をもたらす可能性のある環境の種から私のエナジーが毒されないよう守ってくれたり、より優れた高い性質のエナジーによってそうした遭遇を遠ざけてくれたりしました。

武術はマインドフルネスと慈悲を練る道具を提供し、練られたエナジーを人生へと転送、変換します。私たちは誰でもこれを実践できます。

これまで世界中の多くの国々から、難事を乗り越えた話が書かれた便りを数多くいただきました。そこには、本書が導くメッセージと武の道（martial way）にしたがって生きる力への感謝の言葉が記されています。何人かの方は信じられないハードルに遭遇していましたが、皆それを乗り越え、幸せで充実した生活を続けています。

そうした人たちもその他の私たちも、人生には常に難事がつきものです。そうした困難は健康問題、人間関係、キャリア、加齢から日々の目標にまで立ち現れる可能性があります。

しかし、それらはすべて組手の相手（敵）のように扱えます。道場で出会う彼らはもともと、私たちの本当の「敵」ではありません。その代わり、彼らを疑似的に（難事に処するための）練習相手として見なせます。彼らのおかげで全生活において、心—身体—魂がより高いエナジーと強さのレベルに高められ、また、より深い洞察と満足と安寧を育めるのです。

人生はエナジーであり、エナジーは人生です。エナジーとは情報と力の結合体です。それは、情報化された力（informed-power）と呼んでよいでしょう。この真実を発見し経験する上で、私に武術以外のものは一切用意されていませんでした。

このように、私は日本の文化と人々に対して深い恩義があるのです。私は、本書を日本語に訳していただいたことに、感謝と喜びを感じています。皆さまを通して私のところにやってきた知が、ぐるりと回って再び元の場所に戻ってきたということです。

どこにいようとも、いつ再起動が必要になろうとも、水のメッセージを忘れないでください。ただ水のごとく、変化を繰り返しながら流れ続けるのです。

２０１５年６月　ジョセフ・カルディロ

訳者あとがき

シンギングボウルというものをご存じでしょうか。シンギングボウル（singing bowl）とは、チベット密教の伝統的な法具の一つであり、いわゆる鈴《りん》のことです。私たちの馴染み深いところでは、仏壇で拝むときにチーンと鳴らすあれです。チベット密教では、チーンとは鳴らさず、一方の手のひらにボウルを載せ（お腹の前に構えます）、一方の手に持った木製の棒でボウルの縁を撫でる（なぞる）ように回します。すると、ボウルの内側で音が共鳴します。いわゆる「倍音」です。倍音の心地良い音色は、耳のみならず、手のひらやお腹からも、響いてきます。身体全体が柔らかな倍音に包まれます。

こうして倍音を出すこと自体はそれほど難しくないのですが、ただ、透明感のある澄んだ柔らかな倍音を出し続けるのは、案外難しいのです。そのためには、棒に込める力の具合（棒と縁との接触具合）や棒を回すスピードを調整しながら、絶妙なバランスを保つ必要があります。強すぎたり速すぎたりするとボウルが震え出して、棒が跳ねてしまいます。音が過剰に響き、雑になります。逆に、弱すぎたり遅すぎたりしても、それこそ倍音は出ません。ちょうど良い力とスピードで回し続けることで、心地良い倍音が奏でられます。
それは言い換えれば、ボウルの様子をよく観察し倍音の音色をよく聴いて、ボウルと自分とのちょうど良いレンジを探り、両者の織り成すリズムと軌道を肌で感じながら、強引にではなく自然に、つまり「流れる水のように」柔らかくしなやかに奏でていく、そういう営みです。

本書には、武術からヒントを得た数多くのコミュニケーション術、あるいは処世術が紹介されています。その中で、著者であるジョー（ジョセフ・カルディロ）が本書を通して伝えたい最たるメッセージ、あるいは極意は何かといえば、要するに、こういった「間合い」が大切だ、ということなのではないかと思っています。

彼は、色々なエピソードやロジック、瞑想方法や決意文を通して、私たち読者に、ほどよく絶妙な「間合い」を保つことこそが、よりよい人生を歩む最良のコツである、ということを訴えているように感じます。

著者のジョーは、アメリカンケンポーカラテや詠春拳などの武術の師範であり、心理学・心身医学の博士であり、長らく大学でも教鞭を執っていました。そして、武術と心理学から導かれた彼独自のコミュニケーション術・処世術について、精力的に講演活動や執筆活動を行っている、他に類を見ない人物です。

アメリカ合衆国のどんな書店にも大概は置いてある、『Psychology Today』という一般向けの心理学雑誌の専属ライターでもあるジョーは、こうして武術家兼心理学者という立場から、長年、多くの人たちにたくさんのメッセージを伝えてきました。その最初の著書である本書の原著『Be Like Water: Practical Wisdom from the Martial Arts』は、2003年に出版されたものですが、その人気は根強く、今でも高い評価を維持して売れ続けています。

いわば本書はそうしたジョーの原点であり、ここに彼の伝えたいメッセージが凝縮されていると言っても過言ではありません。この日本語版（本書）とほぼ同時期に、彼の最新書である『Body Intelligence: Harness Your Body's Energy for Your Best Life』(Atria Books/Beyond Words / 2015) が出版されますが、両者を読み比べてみれば、ジョーの思想において変わらない本質的な部分と、一方で彼の人生の旅とともに変化を遂げてきた部分を、うかがい知れるでしょう。

訳者あとがき

翻訳書を出版するにあたって、いくつか不明な点について問い合わせをしたり細かいお願いをしたりした際、いつも快く答えてくれるジョーの人柄は、大変柔らかく温かいものでした。何度もメールを交換する中で、ジョーの常に絶妙なタイミングと言葉掛けのおかげで、つまり絶妙な「間合い」のおかげで、終始気持ちよくやりとりができました。これは偏に、彼の人柄とその術のなせる技であり、まさに本書で説かれているジョー師範の術の一端を垣間見ることができたように思います。

日本の読者へのメッセージとしていただいた言葉の最後にもある通り、読者の皆さまが、本書に書かれていることを一つのきっかけやヒントにして、これからの人生を「水のごとく」しなやかにかつ健やかに過ごされることを、心から願ってやみません。

2015年7月　湯川進太郎

著者◎ジョセフ・カルディロ　Joseph Cardillo

注意訓練（Attention Training）と創造的思考の専門家であり、様々な機関で２万人以上に指導。ホリスティック心理学と心身医学の学位（博士号）を取得。黒帯の熟練した武術家であり、アメリカンケンポーカラテ、詠春拳、太極拳、カリ、ドゥモグなどいくつかの武術の師範を務める。インスピレーショナル・スピーカー、武術家、思想家、エナジー・ティーチングの専門家として好評を博している。心理学、健康、ホリスティック・ウェルネスの分野でベストセラー書籍多数。その中には、『Body Intelligence: Harness Your Body's Energy for Your Best Life』（2015）、『Can I Have Your Attention?: How to Think fast, Find Your Focus and Sharpen Your Concentration』（2009）、『Your Playlist Can Change Your Life』（2012）、『The Five Seasons: Tap into Nature's Secrets for Health, Happiness, and Harmony』（2013）、『Bow to Life』（2006）、そして、心一身体一魂に関する最高傑作、（本書の原著である）『Be Like Water』（2003）がある。

〈以上、日本語版発刊にあたっての著者紹介（2015 年）〉

訳者◎湯川進太郎　Shintaro Yukawa

筑波大学人間系准教授・博士 (心理学)、専門は身体心理学、感情心理学、臨床社会心理学。空手道糸東流六段 (摩文仁賢榮宗家より允許)、パントマイミスト、太極拳家。感情制御・ストレスマネジメントと武道・武術の関係を身体心理学（特にマインドフルネス）によって捉える独自の観点から、現在、武術・気功・瞑想を中心とした身体技法や武道論を、大学の授業・研究会やブログなどで展開している。つくば心身技法研究会主催、糸東流空手道正修館準師範 (柏支部)、筑波大学空手道部顧問、日本武道学会会員、日本マインドフルネス学会会員。主な著書・訳書に、『空手と禅』（BAB ジャパン）、『タオ・ストレス低減法』（北大路書房）など。

http://yukawa-potential.blogspot.com/

イラスト ● 月山きらら
本文レイアウト ● 戸塚雪子
装丁デザイン ● 中野岳人

武術の「実践知」と「エナジー」を使いこなして

水のごとくあれ！

柔らかい心身で生きるための 15 の瞑想エクササイズ

2015 年 10 月 10 日　初版第 1 刷発行

著　者　　ジョセフ・カルディロ
訳　者　　湯川進太郎
発行者　　東口敏郎
発行所　　株式会社 BAB ジャパン
〒 151-0073 東京都渋谷区笹塚 1-30-11 中村ビル
TEL　03-3469-0135　　FAX　03-3469-0162
URL　http://www.bab.co.jp/
E-mail　shop@bab.co.jp
郵便振替 00140-7-116767
印刷・製本　株式会社暁印刷

ISBN978-4-86220-930-6 C2075